KARIN HEINTZ-SCHUPPMANN
WOLFGANG HALM

Briefe schreiben - leicht gemacht

MAX HUEBER VERLAG

ISBN 3–19–00.1138–9

© 1971 Max Hueber Verlag München
5 4 3 1980 79 78 77 76
Die jeweils letzten Ziffern bezeichnen Zahl und Jahr des Druckes. Alle Drucke dieser
Auflage können nebeneinander benutzt werden.

Gesamtherstellung: Friedrich Pustet, Regensburg
Printed in Germany

Inhaltsverzeichnis

Vorwort

Ausländische Studenten und Schüler fragten die Verfasser oft nach einem Buch, mit dessen Hilfe sie eine gewisse Sicherheit im Schreiben deutscher Briefe erlangen können. Denn Briefe sind trotz Telefon nicht überflüssig geworden, und auch in vielen Sprachprüfungen für Ausländer wird das Abfassen eines Briefes verlangt.

„Briefe schreiben – leicht gemacht" bietet eine Reihe von Modellbriefen für die verschiedenen Themen und Situationen, die für einen Ausländer in Deutschland wichtig sein können. Jedem Brief ist eine kleine Einleitung vorangestellt, in der die Situation kurz beschrieben ist. Es folgt zu jedem Thema ein Übungsvorschlag, der dem Lernenden Gelegenheit gibt, unter Verwendung typischer Wendungen aus dem Modellbrief einen ähnlichen Brief zu schreiben.

Wir haben uns bemüht, in allen Teilen – Einleitung, Modellbrief, Übungsvorschlag – die typischen Ausdrücke zu verwenden, die der Deutsche in der jeweiligen Situation gebrauchen würde. So kann der Studierende mit diesem Buch nicht nur lernen, wie man deutsche Briefe schreibt, sondern er wird darüber hinaus seine Ausdrucksmöglichkeiten in idiomatisch richtigem Deutsch wesentlich erweitern.

München, Frühjahr 1971   Die Verfasser

I. Wünsche, Dank, Verabredung, Kondolenz, Telegramme

Wünsche zu Weihnachten

Emo di Laura studiert in München, ist aber über Weihnachten und Neujahr nach Österreich gefahren.

Seine Wirtin ist sehr nett. Zwischen ihr und ihrem Untermieter herrscht ein sehr gutes Verhältnis. Die Wirtin hat ihm sogar Weihnachtsgebäck mitgegeben.

Der Student wird also nicht nur die kürzeste Form eines Weihnachtsgrußes schreiben (Frohe Weihnachten und ein glückliches neues Jahr wünscht Ihnen Emo di Laura), sondern ein paar persönliche Zeilen.

Er rechnet damit, daß er zu Weihnachten viel Post bekommen wird, und bittet seine Wirtin, ihm alles nachzuschicken.

Da es sich um einen Privatbrief handelt, schreibt er die Adresse der Wirtin nicht auf den Briefbogen, sondern nur auf den Umschlag.

Emo di Laura   z. Z. Hotel Hochfirst
                                                     Obergurgl/Ötztal
                                                     Österreich
                                                     22. Dezember 19 . .

Liebe Frau Hechentaler,

aus dem Skiparadies Obergurgl, wo ich jetzt mit meinen beiden Freunden die Weihnachtsferien verbringe, sende ich Ihnen und Ihrem Mann alle guten Wünsche für eine fröhliche und gesegnete Weihnachtszeit und ein glückliches neues Jahr.

Das Weihnachtsgebäck, das Sie mir auf die Reise mitgegeben haben, schmeckt köstlich zu unserem Glühwein, den wir abends in gemütlicher Runde nach „getaner Arbeit" trinken. Im Skikurs mache ich langsam Fortschritte, aber es ist gar nicht so einfach, wie es aussieht.

Ich werde am 7. 1. pünktlich zu Unterrichtsbeginn wieder in München sein. Wenn es Ihnen nicht zuviel Mühe macht, möchte ich Sie bitten, mir bis dahin meine Post an die hiesige Adresse nachzusenden.

Hoffentlich können Sie jetzt nach all den Vorbereitungen mit Ihrer Familie geruhsame Feiertage verbringen!

Mit herzlichen Grüßen an Sie alle

                                                     Ihr
                                                     Emo di Laura

---

Übung

Sie haben Frau Hechentaler nicht mehr zu Weihnachten geschrieben, weil Sie erst am 23. 12. abgefahren sind. Bedanken Sie sich am 25. 12. für ein Geschenk, das Ihnen Frau Hechentaler mitgegeben hat und das Sie erst am Heiligen Abend (24. 12.) auspacken durften. Vielleicht können Sie auch schon von Plänen für Silvester (31. 12.) berichten. Vergessen Sie nicht die Neujahrswünsche.

Wünsche zum neuen Jahr

Herr di Laura ist in die Weihnachtsferien gefahren. Weil die Reise sehr lang ist und die Züge unmittelbar vor den Feiertagen immer überfüllt sind, wollte er schon vor Ferienbeginn fahren. Sein Lehrer hatte nichts dagegen. Nun will ihm Herr di Laura noch einmal für sein Verständnis danken und ihm gleichzeitig frohe Festtage wünschen.

Emo di Laura   Rom, den 22. Dezember 19 . .

Sehr geehrter Herr Dr. Sachse,
wie Sie wissen, verbringe ich die Weihnachtstage bei meinen Eltern.
Ich war sehr froh, daß ich schon ein paar Tage vor Ferienbeginn in Rom sein konnte und danke Ihnen noch einmal sehr für Ihr Verständnis. Im Januar werde ich pünktlich wieder zurück sein.
Es wünscht Ihnen und Ihrer Frau ein gesegnetes, frohes Weihnachtsfest

Ihr
Emo di Laura

Übung
Sie sind in die Ferien gefahren und wollen nun aus irgendeinem Grund – nennen Sie diesen Grund oder erfinden Sie eine gute Ausrede! – noch ein paar Tage länger bleiben.
Schreiben Sie an Herrn Dr. Sachse und bitten Sie ihn um Verständnis dafür, daß Sie erst am 10. Januar wieder zum Unterricht kommen werden. Schreiben Sie, Sie hoffen, daß er geruhsame Feiertage verbringen konnte, beim Skifahren schönes Wetter hatte usw.

Glückwünsche zum Geburtstag

Marie Claude erinnert sich gerade noch rechtzeitig daran, daß einer ihrer Freunde – nicht „ihr Freund" – morgen Geburtstag hat. Sie gratuliert ihm zum Geburtstag und wünscht ihm alles Gute für die Zukunft. Sie schickt ihm zum Geburtstag ein kleines Geschenk, nichts Großartiges, eine Kleinigkeit genügt. Aber sie hat nicht irgend etwas Beliebiges gekauft, sondern gut überlegt, womit sie ihm eine Freude machen kann.

Lieber Jochen,   Hamburg, den 26. März 19 . .

morgen ist Dein Geburtstag! Laß Dir von Herzen gratulieren und Dir für das neue Lebensjahr alles Gute wünschen, vor allem Glück für Deine Prüfungen, die ja in zwei Wochen beginnen. Sicher hast Du jetzt vor dem Examen sehr viel zu tun. Ich denke oft an Dich und wünsche Dir viel Erfolg. Hoffentlich mache ich Dir mit Zuckmayers Buch „Als wär's ein Stück von mir" eine Freude! Ich habe es eben zu Ende gelesen und finde es sehr interessant und spannend geschrieben.
Verbringe einen schönen Tag im Kreis Deiner Freunde und laß Dich von allen verwöhnen!

Herzlichst
Deine Marie Claude

Übung

Schreiben Sie Ihrem Freund, daß Ihnen sein Geburtstag zu spät eingefallen ist – erklären Sie auch, warum! – und daß Sie ihm deshalb erst nachträglich gratulieren und ihm später ein kleines Geschenk schicken wollen.

Wünsche zur baldigen Genesung

Herr di Laura hatte Fräulein von Falz-Fein zu einem Konzertbesuch eingeladen. Sie war ihm bei verschiedenen Schwierigkeiten behilflich gewesen, und er wollte ihr dafür danken.
Nun hat er erfahren, daß sie krank geworden ist. Er wünscht ihr gute Besserung und verspricht ihr, sie ein anderes Mal einzuladen.

München, den 24. Mai 19 . .

Sehr geehrtes Fräulein von Falz-Fein,

heute früh hörte ich von unserem gemeinsamen Bekannten, Herrn Blaurock, daß Sie an Grippe erkrankt sind. Leider wird nun nichts aus unserer Verabredung. Aber aufgeschoben ist nicht aufgehoben!

Ich hoffe, daß es Ihnen bald wieder besser gehen wird, damit wir unseren Konzertbesuch nachholen können.

Lassen Sie sich von Ihrer Schwester gesund pflegen und ein bißchen verwöhnen!

Gute Besserung wünscht Ihnen

mit freundlichen Grüßen

Ihr

Emo di Laura

Im folgenden Brief ist die Beziehung zwischen dem Briefschreiber und der jungen Dame ganz anders: Er hatte sie vergangene Woche auf einer Party kennengelernt und war sofort sehr begeistert von ihr. Er lud sie ins Konzert ein.

Nun hat sie ihm ausrichten lassen – er ist telefonisch nicht erreichbar –, daß sie krank ist.

Er schreibt nicht so formell wie im vorigen Beispiel, sondern persönlicher.

München, den 12. Dezember 19 . .

Liebes Fräulein Moebius,

Herr Sillem hat mir heute morgen ausgerichtet, daß Sie krank geworden sind, so daß heute abend nichts aus unserem Konzertbesuch wird. Das tut mir sehr leid, denn ich hatte mich wirklich sehr darauf gefreut. Ich gehe jetzt mit einem Freund, aber das ist natürlich nur ein schlechter Ersatz – obwohl es ein sehr netter Freund ist –.

Nun, das Wichtigste ist, daß Sie wieder gesund werden. Der Winter ist noch lang, und ich bin sicher, daß es noch andere schöne Konzerte geben wird. Darf ich Sie dann wieder einmal einladen?

Einstweilen wünsche ich Ihnen gute Besserung. Ich werde bald wieder von mir hören lassen.

Ihr

Emo di Laura

Übung

Schreiben Sie an die junge Dame, daß Sie selbst krank geworden sind und deshalb nicht mit ihr ins Konzert gehen können.

Was tun Sie mit den Konzertkarten?

Einladung

Ricardo López hat von allen Prüfungskandidaten seiner Gruppe die netteste und großzügigste Wirtin. Er hat deshalb seinen Kolleginnen und Kollegen angeboten, bei sich eine kleine Abschiedsparty zu geben. Die anderen sollen alle dazu beitragen: Die Herren sorgen für Getränke, die Damen bereiten belegte Brötchen vor usw. Ricardo López lädt auch die Lehrer ein. Sie sind zwar in der Prüfungszeit sehr beschäftigt, aber er hofft doch, daß sie sich für den Abend frei machen können.

Ricardo López García

Adelheidstr. 27
8000 München 40
24. Juli 19 . .

Sehr geehrter Herr Kiehl,

zum Semesterende möchten wir, die Schüler des vierten Semesters, unsere Lehrer einladen, um ein wenig Abschied zu feiern, bevor wir wieder in unsere Heimat fahren.

Wir würden uns sehr freuen, wenn auch Sie sich am nächsten Freitagabend für uns Zeit nehmen könnten. Wir treffen uns ab 20 Uhr in meinem Zimmer, Adelheidstraße 27, bei Herting. Dort wird es vielleicht ein bißchen eng sein, aber wir hoffen, daß es trotzdem nett wird. Im Laufe des Abends wollen wir Spezialitäten aus verschiedenen Ländern reichen – vielleicht können Sie dabei etwas Neues von uns lernen, nachdem wir von Ihnen soviel gelernt haben.

Mit freundlichen Grüßen
Ihr
Ricardo López García

Übung

Schreiben Sie eine ähnliche Einladung. Entschuldigen Sie sich dafür, daß Sie so kurzfristig einladen (Sie schreiben am Mittwoch, die Party soll am Freitag sein), und begründen Sie es: Einige Kolleginnen fahren früher als ursprünglich vorgesehen nach Hause, nämlich unmittelbar nach der mündlichen Prüfung; und der Montag wäre zu knapp vor der Prüfung.

Zusage auf eine Einladung

Marie Claude ist von den Eltern einer Freundin zu deren Hochzeit nach Bremen eingeladen worden und freut sich sehr darauf. Oft stellen Brautpaare eine Wunschliste auf; Marie Claude erkundigt sich danach. Sie bittet die Eltern um Bestellung eines Zimmers.

Marie Claude François   Hamburg, den 12. August 19 . .

Sehr verehrte, liebe Frau Olthoff,
sehr geehrter Herr Dr. Olthoff,
gestern bekam ich Ihre liebenswürdige Einladung zu Sabines und Rainers Hochzeit und möchte mich herzlich dafür bedanken. Ich freue mich sehr, denn es ist für mich die erste Hochzeitsfeier, die ich in Deutschland miterleben darf.
Sicher können Sie mir dabei helfen, für Sabine ein hübsches Geschenk zu finden. Vielleicht hat sie eine Wunschliste aufgestellt, die Sie mir schicken könnten.
Ich werde am Freitag gegen Abend in Bremen ankommen und wäre Ihnen sehr dankbar, wenn Sie für mich ein Zimmer in einer kleinen Pension oder einem Hotel in Ihrer Nähe bestellen könnten.
Darf ich Sie bitten, mir mitzuteilen, ob langes oder kurzes Kleid erwünscht ist?
Mit den besten Empfehlungen und herzlichen Grüßen für Sabine und Rainer

Ihre
Marie Claude François

Übung
Schreiben Sie einen ähnlichen Brief. Sie wissen aber nichts von einer Wunschliste, schlagen ein Hochzeitsgeschenk vor und erkundigen sich, ob es das Richtige sein wird. Sie werden auf alle Fälle den Kassenzettel aufheben, damit man das Geschenk notfalls umtauschen kann.

Absage einer Einladung

Marie Claude muß eine sehr nette Einladung leider ablehnen, weil sie an dem betreffenden Abend schon verabredet ist. Sie betont, wie gern sie gekommen wäre, damit es nicht so aussieht, als hätte sie keine Lust. Die Entschuldigung soll nicht wie eine Ausrede klingen.

Marie Claude François   Hamburg, den 28. Juni 19 . .

Liebe Gisela,
über Ihre liebe Einladung zur Einweihungsparty in Ihrer neuen Wohnung habe ich mich sehr gefreut, und ich danke Ihnen und Ihrem Mann sehr herzlich dafür. Leider erwarte ich aber zum kommenden Wochenende Besuch aus Heidelberg, so daß ich nicht an Ihrem Fest teilnehmen kann. Ich wäre sehr gerne gekommen, um Ihre neue Wohnung zu sehen und Ihren Freundeskreis kennenzulernen.

Hoffentlich bietet sich recht bald wieder eine Gelegenheit zu einem Wiedersehen! Mit herzlichen Grüßen, auch an Ihren Mann,

Ihre
Marie Claude

Übung

Ihre Freunde haben angefragt, ob Sie am Mittwoch übernächster Woche zur Einweihungsparty kommen könnten. Schreiben Sie, warum Sie ausgerechnet an diesem Tag keine Zeit haben, und schlagen Sie ein paar andere Termine vor. Betonen Sie aber, daß der Abend nicht allein Ihretwegen verschoben werden soll, obwohl es Ihnen natürlich sehr leid täte, wenn Sie nicht kommen könnten.

Verabredung

Katja wollte Christine am nächsten Wochenende in München besuchen. Sie hätte eine günstige Mitfahrgelegenheit. Aber Christine ist schon anderweitig verabredet, und das kann sie nicht rückgängig machen. Sie erklärt ihrer Freundin, warum sie ihre Pläne diesmal nicht ändern kann. Sie hofft, daß sich bald eine neue Gelegenheit zu einem Wiedersehen bietet.

München, den 3. August 19 . .

Liebe Katja,

ich habe mich sehr gefreut, etwas von Dir zu hören, und ich hätte Dich auch sehr gern wieder einmal gesehen. Wie lange ist es her, daß Du zum letztenmal hier warst!

Leider paßt es mir am nächsten Wochenende nicht; ich bin nicht hier. Ich habe schon vor längerer Zeit mit ein paar Freundinnen ausgemacht, daß wir zusammen nach Österreich fahren, und da ich die einzige bin, die ein Auto hat, kann ich auf keinen Fall absagen. Das verstehst Du sicher.

Es tut mir wirklich leid, aber ich hoffe, daß Du bald wieder einmal die Möglichkeit hast, nach München zu kommen. Natürlich kannst Du bei mir übernachten. Du kannst mein Bett haben, ich schlafe dann auf der Luftmatratze. Aber bitte schreib mir ein bißchen früher, damit ich mich darauf einrichten kann. Du weißt ja, daß ich immer ziemlich viel vorhabe.

Sei bitte nicht böse, sicher klappt es ein andermal!

Herzlichst
Deine Christine

Schreiben Sie, daß Sie sich auf den Besuch Ihrer Freundin freuen. Erklären Sie ihr aber, daß Sie am Samstagabend erst sehr spät nach Hause kommen werden. Wie kommt Ihre Freundin inzwischen in die Wohnung? Wo hinterlegen Sie den Schlüssel?

Absage einer Verabredung

Marie Claude François nimmt regelmäßig Privatstunden. Wenn sie wirklich einmal verhindert oder krank ist, sagt sie natürlich möglichst frühzeitig ab, normalerweise telefonisch. Wenn sie jedoch ihre Lehrerin telefonisch nicht erreicht, schreibt sie ihr. Sie wird sagen, ob die Absage nur für die nächste Stunde gilt oder ob sie bis auf weiteres nicht kommen kann.

Marie Claude François

bei v. Horn
Quellental 50
2000 Hamburg-Flottbek
23. März 19 . .

Sehr verehrte Frau Dr. Edzard,
leider liege ich seit vergangenem Donnerstag mit einer schweren Grippe im Bett und werde morgen nicht zum Unterricht kommen können.
Bitte verzeihen Sie, daß ich Sie erst heute benachrichtige. Ich habe mehrere Male vergeblich versucht, Sie telefonisch zu erreichen.
Ich hoffe, daß ich am nächsten Mittwoch wieder in den Unterricht kommen kann; wenn nicht, gebe ich Ihnen rechtzeitig Nachricht.

Mit freundlichen Grüßen
Ihre
Marie Claude François

Übung
Sagen Sie bis auf weiteres ab, da Sie plötzlich nach Hause fahren müssen. Sie werden sich gleich nach Ihrer Rückkehr wieder melden (wieder von sich hören lassen) und nach Möglichkeit die versäumten Stunden nachholen.

Danksagung für eine Wochenendeinladung

Geoffry Holland war über ein verlängertes Wochenende (von Freitagnachmittag bis Montag) bei einem Arztehepaar in einer süddeutschen Kleinstadt eingeladen. Dort hatte er Gelegenheit zu interessanten Gesprächen und konnte sich über vieles informieren. Seine Gastgeber zeigten ihm außerdem die Stadt mit ihren historischen Denkmälern.

Die Einladung kam von der Dame des Hauses – Geoffry hatte sie auf einer längeren Bahnfahrt kennengelernt. Ihr Mann konnte sich nur wenig um den Gast kümmern, weil er sehr viel Arbeit hatte.

Geoffry schreibt sehr höflich und formell.

Geoffry Holland   München, den 6. Juli 19 . .

Sehr verehrte, liebe gnädige Frau,
bevor ich wieder an die Arbeit gehe, möchte ich Ihnen von Herzen für die schönen Stunden in Ihrem Hause danken.

Es war sehr lieb von Ihnen, mich am Bahnhof abzuholen. Die Führung durch die Stadt war sehr interessant, besonders wohltuend aber war es, einige Tage im Kreis Ihrer Familie zu verleben. Ich konnte so über alles sprechen, was ich gesehen und erlebt hatte, und erfuhr dabei auch viel Wissenswertes über die Ausbildung und das Studium in Deutschland.

Bitte grüßen Sie Ihren Mann sehr herzlich von mir. Mit besonderem Dank an Sie, verehrte gnädige Frau, bin ich

Ihr ergebener
Geoffry Holland

Übung
Danken Sie ähnlich höflich für eine Einladung über die Osterfeiertage.

Georgio Jannopoulos wurde von einem Studienkollegen über ein verlängertes Wochenende zu dessen Eltern mitgenommen. Der deutsche Kommilitone blieb dann noch zu Hause, Georgio fuhr zurück nach München. Dem gleichaltrigen Studenten schreibt er viel persönlicher als Geoffry dem älteren Ehepaar (vgl. oben).

München, den 6. Juli 19 . .

Lieber Peter,
gleich nach meiner Rückkehr möchte ich mich noch einmal herzlich dafür bedanken, daß Sie mich in Ihrer Familie aufgenommen haben. Die drei Tage waren für mich so erlebnisreich, daß es mir vorkommt, als sei es mindestens eine ganze Woche gewesen. Es geschieht ja nicht oft, daß man als Ausländer in eine deutsche Familie eingeladen wird. Ich weiß nicht, woran das liegt. Aber wenn man dann einmal dieses Glück hat, lernt man vielleicht in ein paar Tagen mehr von den Deutschen kennen als sonst in einem halben Jahr. Ich habe es jedenfalls so empfunden.

Ich werde diesen Brief jetzt beenden, denn ich habe Ihnen ja versprochen, in die

Vorlesung zu gehen und mitzuschreiben. Sagen Sie bitte Ihren Eltern nochmals vielen Dank für die herzliche Aufnahme – ich würde Sie gern ebenfalls einladen, wenn es für einen Besuch bei uns in Griechenland nicht so weit wäre!

Noch einmal vielen Dank!

Ihr Georgio

Übung
Schildern Sie in einem Brief an einen deutschen Freund – auch er hatte Sie schon einmal eingeladen – Ihre Eindrücke und Erlebnisse bei Peter und seinen Eltern.

Dank für eine Abendeinladung

Marie Claude François war bei einem deutschen Ehepaar zum Abendessen eingeladen (beachten Sie die doppelte Anrede!). Sie fand die Einladung besonders nett und schreibt spontan einen kurzen Dankesbrief. Da sie weiß, daß Herr Dr. Hansen gelegentlich beruflich ins Ausland kommt, benützt sie die Gelegenheit, ihn und seine Frau einzuladen.

Marie Claude François   Hamburg, den 26. Oktober 19 . .

Sehr verehrte Frau Hansen,
sehr geehrter Herr Dr. Hansen,
Sie haben mich gestern abend so herzlich in Ihrer Familie willkommen geheißen, daß ich mich nochmals für die Einladung bedanken möchte.
Für eine Ausländerin ist ein derartiges Erlebnis immer etwas Besonderes. Wie Sie wissen, kenne ich nur sehr wenige deutsche Familien. Ihre Gastfreundschaft und Ihre herzliche Aufgeschlossenheit habe ich deshalb als ganz besonders wohltuend empfunden.
Wenn Sie wieder einmal nach Paris kommen, würde ich mich sehr freuen, wenn auch Sie meine Eltern und mich besuchen würden.

Mit herzlichen Grüßen

Ihre

Marie Claude François

Übung
Sie haben einige Monate nach der Einladung bei Familie Hansen zufällig erfahren, daß Herr Dr. Hansen mit seiner Frau nächste Woche nach Paris bzw. in Ihre Heimatstadt fährt. Wahrscheinlich werden Sie bis dahin mit den Prüfungen fertig und wieder zu Hause sein.

16

Sie schreiben einen kurzen Brief, erinnern an die nette Einladung im Oktober und wiederholen Ihre Einladung von damals. Geben Sie die Adresse bzw. die Adresse Ihrer Eltern an, auch die Telefonnummer, und beschreiben Sie, wie man am besten zu Ihnen findet.

Dank für ein Geburtstagsgeschenk

Marie Claude hatte Geburtstag. Sibylle und Nico, ein befreundetes Ehepaar, mußten absagen, weil Nico krank geworden war. Sie haben Marie Claude einen netten Geburtstagsbrief und eine sehr hübsche, geschmackvolle Vase geschickt. Marie Claude zeigt, daß ihr die Vase gefällt. Sie bedauert den Patienten und wünscht gute Besserung. Sie hofft auf ein baldiges Wiedersehen, wobei sie offenläßt, ob sie die Freunde einladen will oder umgekehrt.

Marie Claude François   Hamburg, den 19. Oktober 19 . .

Meine liebe Sibylle,
lieber Nico,
zu schade, daß Ihr an meinem Geburtstag nicht kommen konntet; wir hatten uns so auf Euch gefreut und vermißten Euch in der vergnügten Runde sehr! Hoffentlich geht es Nico inzwischen wieder besser, eine Angina ist ja immer eine langwierige Angelegenheit. Ich wünsche ihm von Herzen gute Besserung.
Über Euren lieben Brief und die entzückende Vase, die jetzt mit bunten Astern auf meinem Schreibtisch steht, habe ich mich sehr gefreut, und ich danke Euch sehr herzlich.
Es wäre schön, wenn wir uns recht bald wieder einmal sehen könnten!
Alles Liebe von

Eurer
Marie Claude

Übung
Berichten Sie einem Freund von Ihrer Geburtstagsparty.

Entschuldigung für langes Schweigen

Christine war über ein Wochenende bei ihrer alten Freundin Verena in Stuttgart. Das war im Mai. Jetzt ist es Oktober. Verena hat sogar noch einmal geschrieben, aber Christine hat seitdem nichts mehr von sich hören lassen. Nun entschließt sie sich endlich dazu, alle ihre Briefschulden zu erledigen. Und so schreibt sie auch an Verena.

München, den 10. Oktober 19..

Liebe Verena,

entschuldige bitte, daß ich Dir so lange nicht geschrieben habe. Ich weiß, ich bin Dir seit Mai einen Brief schuldig, und für das schöne Wochenende bei Dir habe ich mich damals auch nicht bedankt. Aber Du weißt ja selbst, wie es ist. Ich wollte Dir immer einmal schreiben, und dann kam eben wieder etwas dazwischen: Arbeit, Einladungen, was weiß ich. Also sei bitte nicht böse! Heute habe ich meinen Schreibtisch aufgeräumt und mich entschlossen, alle Briefe zu beantworten, die noch unerledigt dalagen.

Bei mir geht es jetzt auf die Prüfungen zu. Ich muß meine Zeit gut einteilen, aber ich habe doch den Eindruck, daß ich es schaffen werde. Und wie geht es Dir? Arbeitest Du immer noch bei Deiner alten Firma? Du wolltest doch damals wechseln, wenn ich mich recht erinnere.

Es kann sein, daß ich über Allerheiligen hier bleibe. Magst Du nicht die Feiertage ausnutzen und mich besuchen? Wir könnten uns wieder einmal ausführlich unterhalten. Schreib mir bitte gleich, was Du von meinem Vorschlag hältst, und laß mich nicht so lange warten wie ich Dich.

Herzlichst
Deine Christine

Übung

Bei einer guten Freundin ist es nicht so schlimm, daß Sie so lange nicht geschrieben haben. Schlimmer ist, daß Sie auf die Glückwunschkarte nicht geantwortet haben, die Ihnen Frau Dr. Sillem vor sechs Wochen zum Geburtstag geschickt hatte. Schreiben Sie ihr jetzt. Sicher haben Sie eine gute Entschuldigung, die alles erklärt.

Kondolenz

Emo di Laura war oft bei Bekannten seiner Eltern, die in Freiburg wohnen, eingeladen. Dabei hat er besonders mit Inge, der Tochter des Hauses, Freundschaft geschlossen.

Heute hat er die traurige Nachricht vom Tode ihres Vaters erhalten. Er will sofort seine Anteilnahme zum Ausdruck bringen. Leider kann er nicht zur Beerdigung fahren, weil die Reise zu lang ist. Aber er schickt Blumen, die Inge aufs Grab legen soll.

München, den 10. August 19 . .

Liebe Inge,

heute habe ich die traurige Nachricht vom Tod Deines lieben Vaters erhalten.
Ich bin sehr erschüttert, denn er war nicht nur einer der besten Freunde meiner
Eltern, sondern auch für mich persönlich immer ein großes Vorbild.
Man kann in einer solchen Situation nicht viel helfen. Ich weiß, was Du verloren
hast. Es ist nur ein schwacher Trost, daß der Tod für Deinen Vater eine Erlösung
von seiner Krankheit bedeutete.
Du weißt, daß ich Deinen Vater nicht auf seinem letzten Weg begleiten kann.
Aber in Gedanken werde ich am Freitag bei Dir und Euch allen sein.

Dein Emo

Übung

Schreiben Sie an einen guten gemeinsamen Freund, daß Inges Vater gestorben
ist. Inge tut Ihnen sehr leid, weil sie so sehr an ihrem Vater hing. Zwischen ihr
und ihrem Vater bestand immer ein besonders herzliches Verhältnis.

Telegramme

Ankomme Freitag 20. 10 Uhr Hauptbahnhof. Erbitte Hotelreservierung einschließlich 13. XI.

Peter

Startverzögerung wegen Nebel. Anruf nach Ankunft.

Hans Helmut Bank

Erbitte dringend Anruf Samstagabend Hamburg 42 34 66

Anja

Prüfung bestanden. Akzeptiere Vertrag. Brief folgt.

Nicolas Panter

Herzlichen Glückwunsch zum Geburtstag und alles Gute für das neue Lebensjahr.

Ruth und Peter

Wir gratulieren herzlich zum bestandenen Examen.

Gisa und Albrecht

II. Zimmer, Wohnung

Zimmersuche durch Makler

Ricardo García kann im nächsten Semester nicht mehr bei seinen jetzigen Wirtsleuten wohnen. Ein Zimmer zu finden, ist in den meisten Universitätsstädten ziemlich schwierig, vor allem, wenn man nicht zuviel ausgeben will. Man hat R. García empfohlen, sich an einen Makler zu wenden. Er schreibt möglichst genau, was er sucht.

Ricardo López García

Firma
Immobilien Wohnfein
z. Hd. Herrn Brandes
Hohenzollernstr. 17
D–8000 München 40

15, Travesera
Barcelona
Spanien
2. Juli 19 . .

Sehr geehrter Herr Brandes,
Ihre Firma wurde mir von Herrn Klingenfuß aus München empfohlen. Ich suche ab 1. November 19 . . ein ruhiges möbliertes Zimmer mit Badbenutzung, möglichst in der Nähe der Universität.
Die Miete sollte monatlich DM 150.- nicht überschreiten. Ich bin imstande, eine Kaution bis in Höhe von DM 1000.- zu leisten.

Mit freundlichen Grüßen
R. López García

Übung
Ihrer Freundin wurde vor einem halben Jahr durch den Makler ein möbliertes Zimmer vermittelt. Beschreiben Sie dem Makler die Bedingungen (angemessene Miete, Bad- und Küchenbenützung, geringe Kaution, günstige Lage usw.) und fragen Sie, ob er Ihnen ein ähnliches Angebot machen kann. Fragen Sie auch nach der Höhe der Vermittlungsgebühr.

Anfrage an ein Studentenheim

Helen Kollberg wohnt außerhalb der Stadt. Da die tägliche Bahnfahrt allzu zeitraubend und anstrengend ist, beschließt sie, an alle Studentinnenheime zu schreiben und sich dort um ein Zimmer zu bewerben.
Sie hofft, auf diese Weise ein billigeres Zimmer zu finden als das, was sie augenblicklich bewohnt. Bei allen Heimen gibt es wahrscheinlich Wartelisten, deshalb bittet sie um Vormerkung. Sie bietet auch Referenzen an, d. h. sie kann Personen nennen, die über sie Auskunft geben können.

Helen Kollberg

Studentinnenwohnheim
Augustenstr. 88
D–8000 München 40

bei Blum
Hofmarktstr. 14
8033 München-Planegg
3. Januar 19 . .

Betreff: Zimmersuche

Sehr geehrte Herren,
seit zwei Monaten studiere ich Deutsch am Sprachen- und Dolmetscher-Institut München. Ich bin Schwedin und werde voraussichtlich zwei Jahre in Deutschland bleiben. Mit großer Mühe konnte ich ein kleines Zimmer für monatlich DM 130.- in Planegg finden. So habe ich einen täglichen Schulweg von 45 Minuten.
Da ich keinerlei finanzielle Unterstützung von zu Hause bekomme, fällt es mir schwer, die hohe Miete zu zahlen. Können Sie mich bitte für ein Zimmer in Ihrem Heim vormerken? Ich wäre auch bereit, in ein Zweier- oder Dreierzimmer zu ziehen, wenn möglich zusammen mit deutschen Studentinnen. Ich wäre Ihnen sehr dankbar, wenn Sie meinen Antrag für das kommende Semester berücksichtigen könnten.
Wenn Sie es wünschen, werde ich mich gerne persönlich vorstellen; auch Referenzen könnte ich angeben.

Mit freundlichen Grüßen
H. Kollberg

Übung
a) Schreiben Sie aus Ihrer Heimat an das Studentinnenheim. Ihre Cousine gibt zum Ende des Semesters ihr Zimmer dort auf. Fragen Sie an, ob Sie das Zimmer übernehmen könnten.
b) Sie sind sich nicht ganz im klaren, was Sie machen sollen: Einerseits hat das Zimmer außerhalb der Stadt natürlich Nachteile, andererseits aber auch Vorteile. Schreiben Sie einem Freund, wie Sie darüber denken, und fragen Sie ihn nach seiner Meinung.

Zimmersuche durch die Akademische Auslandsstelle

Auch Christine Filippi sucht ein möglichst billiges Zimmer. Sie würde auch ganz gern ein Zimmer mit einer Deutschen teilen. Das käme billiger, und die Nachteile eines Doppelzimmers würden sicher dadurch aufgewogen, daß sie mehr Gelegenheit hätte, Deutsch zu sprechen.

Christine Filippi

8, rue Rembrandt
F–75008 Paris
28. Juni 19 . .

Akademische Auslandsstelle
Leopoldstr. 15
D–8000 München 23

Betreff: Zimmersuche

Sehr geehrte Herren,
ich bitte höflich um Auskunft, ob Sie mir bei der Zimmersuche behilflich sein können.
Ich bin Französin, 24 Jahre alt und werde ab Wintersemester 19 ../.. in München studieren.
Am liebsten würde ich in einem Studentenheim wohnen, um möglichst schnell deutsche Kommilitonen kennenzulernen. Ich bitte Sie, mir die Adressen der Münchner Studentenheime mitzuteilen.
Falls Sie glauben, daß keine Möglichkeit besteht, in einem Studentenheim aufgenommen zu werden, wäre ich Ihnen dankbar, wenn Sie mir Adressen von privaten Vermietern nennen könnten. Da ich nicht in der Lage bin, mehr als DM 100.- Miete zu bezahlen, wäre ich auch bereit, mit einer anderen, möglichst deutschsprachigen Studentin das Zimmer zu teilen.
Ich danke Ihnen im voraus für Ihre Bemühungen.

Mit freundlichen Grüßen
C. Filippi

Übung
a) Schreiben Sie Ihrer Freundin einen Brief, in dem Sie die Vor- und Nachteile eines Doppelzimmers gegeneinander abwägen. – Sie sind noch zu keinem Schluß gekommen und fragen Ihre Freundin um Rat.
b) Antworten Sie auf Brief a). Sie sind zum Teil ganz anderer Meinung.

Antwort auf eine Wohnungsanzeige

Geoffry Holland liest regelmäßig die Wohnungsanzeigen in den Münchner Zeitungen. Oft gibt der Vermieter weder seinen Namen noch eine Telefonnummer an, sondern erhält eine Chiffre. Man muß also auf die Anzeige schreiben. Geoffry Holland schreibt ohne Anrede, denn er weiß ja nicht, ob der Empfänger eine Einzelperson oder eine Firma ist.

Geoffry Holland

An die
Süddeutsche Zeitung
– Chiffre –
Sendlinger Str. 80
8000 München 2

Isareckstr. 32
8000 München 80
30. August 19 . .

Betreff: Ihr Wohnungsangebot SR 3075 in der SZ

In der Süddeutschen Zeitung vom 29. August 19 . . fand ich Ihre Wohnungsanzeige, in der Sie ein möbliertes 1-Zimmer-Appartement mit Warmwasser, Zentralheizung und Telefonanschluß in Schwabing für monatlich DM 250,- und DM 1000,- Kaution anbieten.
Ich interessiere mich sehr für Ihr Angebot und würde das Appartement gerne ab sofort mieten.
Ich stamme aus London und bin Student im vierten Semester an der Universität München. Falls Sie es wünschen, kann ich Ihnen Referenzen angeben.
Die gewünschte Kaution würde ich sofort bei Vertragsabschluß stellen. Auch versichere ich Ihnen, daß ich die Wohnung und die Einrichtung in einwandfreiem Zustand erhalten werde.
Ich hoffe auf eine positive Antwort und bitte Sie, mich entweder telefonisch unter der Nummer 12 34 56 zwischen 16 und 17 Uhr oder schriftlich zu benachrichtigen.

Geoffry Holland

Übung
Schreiben Sie einem Freund, daß Sie jetzt eine Wohnung oder ein Zimmer gefunden haben, nachdem Sie schon auf mindestens zehn Inserate vergeblich geschrieben haben. Erzählen Sie ihm, wie das Gespräch mit dem Vermieter verlief, zu welchen Bedingungen Sie die Wohnung gemietet haben und was Ihrer Meinung nach den Ausschlag dafür gab, daß Sie unter elf Interessenten die Wohnung bekamen.

Kündigung

Emo di Laura ist am Semesterende nach Hause gefahren. Er wußte nicht, daß er nicht wieder in sein Zimmer zurückkehren würde.
Herr di Laura hatte mit seiner Wirtin eine 14tägige Kündigungsfrist vereinbart, und zwar jeweils zum Monatsende.
Da schon der 18. 7. ist, kann er nicht mehr zum 31. 7. kündigen. Er wird also die Miete für August noch bezahlen müssen und bestätigt das ausdrücklich in seinem Brief.
Das Verhältnis zwischen Vermieterin und Mieter war unpersönlich (was nicht heißt, daß es unfreundlich war). Deshalb sind Anrede und Schluß des Briefes förmlich. Hätte etwas mehr Kontakt bestanden, so würde E. di Laura „Liebe Frau Falbe" und „Mit herzlichen Grüßen" schreiben.

Emo di Laura

Frau
Silvia Falbe
Amalienstr. 16
D–8000 München 2

11, Via Chisimaio
I–00100 Rom
18. Juli 19 . .

Sehr geehrte Frau Falbe,
als ich vor drei Wochen von München wegfuhr, um meine Semesterferien zu Hause zu verbringen, dachte ich nicht daran, daß es ein endgültiger Abschied sein würde.
Leider geht es jetzt meinem Vater gesundheitlich so schlecht, daß ich selbst so schnell wie möglich in die väterliche Firma eintreten muß, um ihn zu entlasten.
So werde ich also mein Sprachstudium nicht fortsetzen können und muß leider das hübsche Zimmer in der Amalienstraße aufgeben. Die Miete für August werde ich Ihnen auf Ihr Konto bei der Bayerischen Vereinsbank überweisen.
Bis zum September werden Sie sicher einen neuen Mieter für Ihr Zimmer gefunden haben.
Ich hoffe, Ende des Monats noch einmal kurz nach München kommen zu können, um meine restlichen Sachen bei Ihnen abzuholen.
Mit freundlichen Grüßen, auch an Ihren Mann,

Ihr
Emo di Laura

Übung
Schreiben Sie einen ähnlichen Brief. Ein Freund von Ihnen will das Zimmer auf alle Fälle für den Monat übernehmen, den Sie sowieso noch bezahlen müssen.

Am liebsten würde er das Zimmer aber für länger mieten. Empfehlen Sie den Freund!
Was geschieht mit Ihren Büchern und verschiedenen Kleidungsstücken, die noch in München sind? Manches davon brauchen Sie bald.

Bitte um Rückerstattung der Kaution

Christine Filippi hat Ihrer Vermieterin fristgerecht gekündigt. Nun gibt sie ihr Konto an und bittet sie, die Kaution zurückzuzahlen. Die Kaution ist eine hinterlegte Geldsumme, die der Vermieter in Anspruch nehmen kann, wenn der Mieter die Miete nicht bezahlt oder die Wohnung bzw. Einrichtungsgegenstände nicht in einwandfreiem Zustand zurückläßt.

Christine Filippi   Gabelsbergerstr. 26
                                                           8000 München 40
Frau   19. August 19 . .
Erna Wolff
Simmernstr. 4
8000 München 40

Betreff: Rückerstattung der Kaution

Sehr geehrte Frau Wolff,
wie ich Ihnen bereits am vergangenen Freitag, den 14. 8. 19 . ., mündlich und fristgerecht mitgeteilt habe, muß ich das gemietete Zimmer in der Gabelsbergerstraße 26/III leider zum 1. 9. 19 . . kündigen.
Ich bitte Sie, mir die am 1. 2. 19 . . bei Ihnen hinterlegte Kaution von DM 1000,- auf mein Konto bei der Bayerischen Vereinsbank, Nr. 363 668, zu überweisen.

                                        Mit freundlichen Grüßen
                                        Christine Filippi

Übung
Sie haben am 1. 3. 19 . . eine Mietvorauszahlung von DM 600,- geleistet. Vereinbarungsgemäß zahlten Sie monatlich DM 100,- statt DM 150,- für das Zimmer, d. h. es wurden monatlich DM 50,- aus der Mietvorauszahlung angerechnet. Sie ziehen am 31. 10. 19 . . aus. Bitten Sie die Wirtin um Überweisung des Restbetrags.

Mahnung wegen Nichtrückerstattung der Kaution

Christine Filippi hat Schwierigkeiten mit ihrer ehemaligen Wirtin, denn diese zahlt die Kaution nicht zurück. Auf zwei Mahnungen hat sie nicht einmal geantwortet.
Nun droht Christine Filippi mit dem Rechtsanwalt. Falls die Vermieterin die Kaution wirklich ohne Grund zurückhält, entstehen ihr durch die Zuziehung eines Anwalts nur Kosten. Deshalb hofft Christine Filippi, daß dieser letzte Mahnbrief Erfolg haben wird.

Christine Filippi   Theresienstr. 116
                                                     8000 München 40
Frau   17. November 19 . .
Erna Wolff
Simmernstr. 14
8000 München 40

Sehr geehrte Frau Wolff,
trotz meiner zweifachen schriftlichen Mahnung vom 1. Oktober 19 . . und 1. November 19 . ., die Kaution von DM 1000.- bis zum 15. Oktober bzw. 15. November 19 . . an mich zurückzuzahlen, sind Sie Ihrer Verpflichtung nicht nachgekommen.
Ich fordere Sie daher heute zum letzten Male auf, die Rückzahlung der Kaution unverzüglich vorzunehmen. Sollte das Geld bis zum 1. 12. 19 . . nicht eingegangen sein, sehe ich mich gezwungen, die Angelegenheit meinem Rechtsanwalt zu übergeben.

Mit freundlichen Grüßen
Christine Filippi

Übung
Erzählen Sie Ihrem Freund in einem Brief, daß Ihre ehemalige Wirtin einen Teil der Kaution zurückbehalten hat. Erklären Sie, mit welcher Begründung die Wirtin dies tut und ob Sie das Verhalten der Wirtin für gerechtfertigt halten. Was gedenken Sie zu tun?

III. Unterricht, Studium

Auskünfte über das Sprachstudium

Die Schreiber der folgenden drei Briefe bitten um Auskunft über Studienmöglichkeiten an verschiedenen Schulen oder Instituten. Sie geben kurz an, welche Schulbildung sie besitzen und welche beruflichen Ziele sie haben. Dann stellen sie ihre Fragen und bitten um Übersendung von Unterlagen und Einschreibungsformularen.

Emo di Laura

Universität München
Deutschkurse für Ausländer
Adelheidstr. 13
D–8000 München 40

11, Via Chisimaio
I–00100 Rom
12. Juli 19 . .

Sehr geehrte Herren,
ich mache im Sommer dieses Jahres in Rom das Abitur und möchte Sprachen studieren. Vor Beginn meines Philologiestudiums möchte ich mir in möglichst kurzer Zeit umfangreiche praktische Sprachkenntnisse in Deutsch aneignen und meine Aussprache verbessern.
Teilen Sie mir bitte die Termine Ihrer Kurse für Fortgeschrittene (Oberstufe) und alle Einzelheiten über Zahl der Wochenstunden, Stundenplan, Kursgebühren usw. mit. Es wäre mir auch wichtig zu wissen, ob die Möglichkeit besteht, einige Stunden selbständig im Sprachlabor zu arbeiten.
Noch eine letzte Frage: Können Sie mir die Anschrift einer deutschen Familie vermitteln, bei der ich ein Jahr wohnen könnte? Am liebsten wäre mir eine Familie mit einem Sohn etwa in meinem Alter.
Ich danke Ihnen im voraus für Ihre Bemühungen.

Mit freundlichen Grüßen
E. di Laura

PS. Kann man bei Ihnen ein staatliches Diplom erwerben?

27

Christine Filippi

Sprachen- und Dolmetscher-Institut
Amalienstr. 73
D–8000 München 40

8, rue Rembrandt
F–75008 Paris
2. Juni 19 . .

Betreff: Auskunft über das Studium im Wintersemester 19 . ./. .

Sehr geehrte Herren,
Ende Juni werde ich mein Baccalauréat in Paris ablegen. Da ich beabsichtige, später in Frankreich Deutsch und Spanisch zu studieren, möchte ich vor allem meine deutschen Sprachkenntnisse an Ihrem Institut erweitern.
Bitte teilen Sie mir mit, wann das nächste Semester beginnt, ob während der Semesterferien Ferienkurse für Ausländer abgehalten werden und ob für den Eintritt in die Deutsche bzw. Spanische Abteilung eine Aufnahmeprüfung abgelegt werden muß. Ich würde gerne Deutsch als Hauptfach und Spanisch als Nebenfach belegen.
Wie lange wird Ihrer Ansicht nach die Ausbildung dauern, und nach wieviel Semestern kann ich eine Abschlußprüfung ablegen? Ich hatte sechs Jahre Deutsch und drei Jahre Spanisch in der Schule.
Bitte schicken Sie mir möglichst bald ein Vorlesungsverzeichnis mit Angabe der Studiengebühren und die notwendigen Formulare für die Einschreibung.
Falls das Institut bei der Zimmersuche behilflich sein kann, wäre ich sehr dankbar. Vielleicht können Sie mir einige Adressen zusenden.
Ich danke Ihnen im voraus für Ihre Bemühungen.

Mit freundlichen Grüßen
Christine Filippi

Geoffrey Holland

Goethe-Institut
Kaulbachstr. 91
D–8000 München 40

60, Princess Way
London SW 1
5. Februar 19 . .

Betreff: Auskunft über Studienmöglichkeiten

Sehr geehrte Herren,
meine Muttersprache ist Englisch, und ich interessiere mich für die Ausbildung an Ihrem Institut. Könnten Sie mir bitte Angaben zu folgenden Punkten machen:

28

a) Ziel und Dauer der Ausbildung
b) erforderliche Vorkenntnisse
c) Kursbeginn
d) Unterrichtsplan und Prüfungen
e) Gebühren
f) Unterkunftsmöglichkeiten

Ferner möchte ich gerne wissen, ob Ihr Institut und die Prüfungen staatlich anerkannt sind.

Für Ihre Antwort danke ich Ihnen im voraus.

Mit freundlichen Grüßen
Geoffrey Holland

Übung

a) Schreiben Sie einen ähnlichen Brief mit Angaben über Ihre Vorkenntnisse und stellen Sie Fragen, die Sie interessieren.

b) Schreiben Sie an eine Freundin, die sich privat bei Ihnen erkundigt hat, alles Wissenswerte über ein Ihnen bekanntes Institut, in dem man Deutsch lernen kann.

Einschreibung zum Studium

Christine Filippi hat die Unterlagen des Instituts erhalten. Nun will sie sich für einen Deutschkurs einschreiben. Zusammen mit dem Brief (in der Anlage/beiliegend) schickt sie das ausgefüllte Einschreibungsformular. Auch am Ende des Briefes gibt sie an, daß der Brief eine Anlage enthält.

Christine Filippi

Sprachen- und Dolmetscher-Institut
Amalienstr. 73
D–8000 München 40

8, rue Rembrandt
F–75008 Paris
2. August 19 . .

Sehr geehrte Herren,

für die Auskunft über die Ausbildung zur Wirtschaftskorrespondentin bzw. -dolmetscherin danke ich Ihnen. Ich möchte mich für das kommende Wintersemester 19 . ./. . in der Deutschen Abteilung einschreiben. Das Einschreibungs-

formular habe ich ausgefüllt und schicke es Ihnen in der Anlage. Die Gebühren werde ich zum Semesterbeginn überweisen.
Bitte senden Sie mir das Vorlesungsverzeichnis und teilen Sie mir mit, wann die Einstufungsprüfung stattfindet.

Mit freundlichen Grüßen
C. Filippi

Anlage
1 Einschreibungsformular

Übung
Sie sind zwar entschlossen, an dem Deutschkurs teilzunehmen, aber da Ihre Mutter zur Zeit krank ist, können Sie sich nicht fest anmelden. Fragen Sie an, welches der spätestmögliche Einschreibetermin ist bzw. ob Sie evtl. auch nach Beginn des Kurses noch eintreten könnten.

Antrag auf Ermäßigung der Studiengebühren

Ricardo López García steht kurz vor der Prüfung und ist in finanziellen Schwierigkeiten. Er entschließt sich, eine Gebührenermäßigung zu beantragen. Er erklärt seine Situation und weist auf seine guten Leistungen hin. Er hofft auf das Entgegenkommen des Instituts und dankt im voraus dafür.

Ricardo López García   Adelheidstr. 27
                                              8000 München 40
Sprachen- und Dolmetscher-Institut   2. Juli 19 . .
z. Hd. Herrn Benziger
Amalienstr. 73
8000 München 40

Betreff: Antrag auf Ermäßigung der Studiengebühren

Sehr geehrter Herr Benziger,
seit drei Semestern studiere ich in der Spanischen Abteilung des Instituts. Ich habe die Absicht, am Ende des Wintersemesters 19 . ./. . das Wirtschaftskorrespondentenexamen abzulegen.
Da ich seit dem Tod meines Vaters keinerlei finanzielle Unterstützung mehr von zu Hause bekomme, bin ich gezwungen, meinen Lebensunterhalt und die Studiengebühren selbst zu verdienen. Leider bleibt mir dadurch nicht genügend

Zeit, intensiv zu arbeiten, was sich vor allem auf die Prüfung im nächsten Semester ungünstig auswirken könnte.

Ich möchte Sie daher um eine Ermäßigung der Semestergebühren bitten.

Das zweite Semester schloß ich mit der Note 2,3 und das dritte mit der Note 2,5 ab.

Ich danke Ihnen im voraus für Ihr Entgegenkommen.

Mit freundlichen Grüßen
Ricardo López García

Übung

Geben Sie eine andere Begründung für Ihren Antrag an. Ihre Leistungen haben leider im vergangenen Semester etwas nachgelassen. Welche Erklärung haben Sie dafür?

Antrag auf Rückerstattung der Semestergebühren

Helen Kollberg muß wegen einer schweren Erkrankung ihres Vaters sofort nach Hause zurückkehren. Das Semester hat eben erst begonnen, aber sie hat bereits die vollen Gebühren bezahlt. Sie beantragt die Rückerstattung der Gebühren. Dabei braucht sie nicht im einzelnen zu erklären, welche Gründe sie zum Abbruch des Studiums zwingen; sie kann sich ganz allgemein auf familiäre Gründe berufen. Außerdem äußert sie ihre Absicht, das Studium so bald wie möglich wieder aufzunehmen.

Helen Kollberg

bei Nuber
Hofmarktstr. 14
8033 München-Planegg
19. September 19 . .

Sprachen- und Dolmetscher-Institut
z. Hd. Herrn Benziger
Amalienstr. 73
8000 München 40

Betreff: Rückerstattung der Semestergebühren

Sehr geehrter Herr Benziger,

am 2. Juni 19 . . habe ich mich für das Wintersemester in der Deutschen Abteilung eingeschrieben. Die Semestergebühren habe ich am 3. Oktober, also zwei Tage vor Semesterbeginn, überwiesen.

Da ich aus familiären Gründen gezwungen bin, mein Studium sofort abzubrechen, möchte ich Sie um teilweise Rückerstattung meiner Studiengebühren bitten.

Ich hoffe sehr, daß es mir im kommenden Jahr wieder möglich sein wird, mein Studium an Ihrem Institut fortzusetzen.

Ich danke Ihnen im voraus für Ihr Entgegenkommen.

Mit freundlichen Grüßen
Helen Kollberg

Übung

Sie haben sich für das kommende Semester eingeschrieben, müssen sich aber kurz vor Semesterbeginn wieder abmelden, weil etwas Unvorhergesehenes eingetreten ist: Sie werden zum Beispiel wegen Erkrankung des Bruders im elterlichen Betrieb (Geschäft, Hotel) gebraucht, oder ein so gut wie fest zugesagter Studienkredit ist nun doch nicht bewilligt worden usw.

Bitten Sie um Rückzahlung der zum Teil bereits überwiesenen Studiengebühren.

Bewerbung um ein Stipendium

Georgio Jannopoulos studiert an der Universität und verdient sich sein Studium selbst. Bald aber stellt er fest, daß diese doppelte Belastung auf die Dauer zu groß ist, zumal er nebenbei noch besser Deutsch lernen will. So schreibt er ein Gesuch an eine Stelle, die Stipendien vergibt. Der Antrag wird kurz begründet.

Georgio Jannopoulos

Leibnizstr. 17
7000 Stuttgart W
12. Mai 19 . .

Deutscher Akademischer Austauschdienst
Kennedy-Allee 50
5320 Bad Godesberg

Betreff: Bewerbung um ein Stipendium

Sehr geehrte Herren,

seit zwei Semestern studiere ich an der Universität Stuttgart. Meinen Unterhalt und die Studiengebühren muß ich seit Studienbeginn selbst verdienen. Ich arbeite meist nachts unter nicht sehr günstigen Bedingungen, so daß ich mich nicht genügend auf mein Studium konzentrieren kann. Ich bekomme weder von meinen Eltern noch von anderer Seite finanzielle Unterstützung.

Da meine Muttersprache Griechisch ist, muß ich außerdem noch meine deutschen Sprachkenntnisse vervollständigen, was eine zusätzliche Belastung bedeutet. Wenn Sie mir ein Stipendium oder eine Studienbeihilfe gewähren könnten, wäre dies für mich eine große Erleichterung.
Für Ihre Bemühungen danke ich Ihnen im voraus.

Mit freundlichen Grüßen
Georgio Jannopoulos

Übung
a) Schreiben Sie ein ähnliches Gesuch mit einer eigenen Begründung.
b) Schreiben Sie an einen Freund, daß Sie sich um ein Stipendium beworben haben. Beschreiben Sie ihm ausführlich, warum es so nicht weitergehen kann. Nennen Sie ihm Ihre Gründe.

Bitte um Referenz

Georgio Jannopoulos bemüht sich um ein Stipendium. Die Stelle, bei der er sich bewirbt, verlangt die Vorlage einer schriftlichen Beurteilung des Bewerbers durch einen seiner Professoren.
Georgio Jannopoulos schreibt an den Professor, den er am besten kennt und von dem er die günstigste Beurteilung erwarten kann.

Georgio Jannopoulos

Herrn
Prof. Dr. G. Schettler
Universität Stuttgart
7000 Stuttgart N

Zeppelinstr. 123
7000 Stuttgart W
1. Juli 19 . .

Sehr geehrter Herr Professor,
da ich die Absicht habe, Ende des Wintersemesters mein Examen abzulegen, wird es mir unmöglich sein, neben den Prüfungsvorbereitungen mein Studium wie bisher durch Nachhilfestunden und Übersetzungsarbeiten selbst zu finanzieren.
Ich habe mich daher beim „Deutschen Akademischen Austauschdienst" um ein Stipendium beworben.
Da ein Gutachten über meinen Studiengang und eine Beurteilung meiner Leistungen von einem meiner Professoren gewünscht wird, wende ich mich mit der

Bitte an Sie, sehr geehrter Herr Professor, mir eine solche Beurteilung auszustellen.
Für Ihre liebenswürdige Hilfe wäre ich Ihnen sehr dankbar.

Mit freundlichen Grüßen
Georgio Jannopoulos

Übung

Oft werden „Referenzen" nur in dem Sinn verlangt, daß Sie Personen angeben sollen, die bereit und in der Lage sind, über Sie Auskunft zu erteilen. Personen, die man nicht sehr gut kennt, gibt man nicht als Referenz an, ohne sie vorher um ihr Einverständnis zu bitten.

Schreiben Sie an Ihren ehemaligen Professor, daß Sie ihn gern als Referenz angeben würden, und bitten Sie ihn um seine Zustimmung. Sagen Sie ihm, worum es geht (Stipendiengesuch, Bewerbung usw.). Setzen Sie nicht voraus, daß er sich sofort an Sie erinnert – Ihr Examen liegt ja schon einige Zeit zurück –, sondern schreiben Sie genau, wann Sie bei ihm studiert und welche seiner Vorlesungen oder Übungen Sie besucht haben.

Bitte um Verlegung des Prüfungstermins

Julia Brandi ist es nicht möglich, in der nächsten Woche ihre Prüfung abzulegen; sie liegt mit Fieber im Bett. (In einem formellen Schreiben heißt es hier nicht „Prüfung machen", sondern „zur Prüfung erscheinen"). Andererseits kann sie nicht bis zum nächsten offiziellen Prüfungstermin warten. Daher bittet sie um einen Sondertermin und dankt im voraus für das Entgegenkommen des zuständigen Abteilungsleiters.

Julia Brandi

An den
Leiter der Deutschen Abteilung
Sprachen- und Dolmetscher-Institut
Amalienstr. 73
8000 München 40

Studentenheim am Maßmannplatz
Heßstr. 4
8000 München 40
10. Juni 19 . .

Sehr geehrter Herr Dr. Sillem,
seit vierzehn Tagen bin ich an Grippe erkrankt, so daß ich leider am 15. Juni nicht zur Prüfung erscheinen kann.
Ich hatte mich am 10. Mai 19 . . für den nächsten Termin gemeldet und die Prüfungsgebühr von DM 80,- überwiesen.

34

Wäre es möglich, daß ich am Ende der Semesterferien, also Ende September, die Prüfung nachhole, damit ich am 15. Oktober d. J. mein Studium in Amerika beginnen kann?

Für Ihr Entgegenkommen danke ich Ihnen im voraus und bin

Mit freundlichen Grüßen
Ihre
Julia Brandi

Übung

Aus dringenden Gründen – nennen Sie sie! – bitten Sie, schon vor dem offiziellen Termin die Prüfung ablegen zu dürfen. Es ist Ihnen bekannt, daß eine Vorverlegung normalerweise nicht möglich ist.

Bitte um Nachsendung des Zeugnisses

Von den meisten Instituten werden Zeugnisse grundsätzlich per Post zugeschickt, in manchen können sie persönlich abgeholt werden. Christine Filippi will sichergehen, daß ihr Zeugnis umgehend nach Paris an ihre Heimatadresse nachgeschickt wird, weil sie es dringend benötigt. Sie schreibt deshalb gleich nach ihrer Ankunft zu Hause an das Sekretariat des Instituts.

Christine Filippi

An das Sekretariat des
Sprachen- und Dolmetscher-Instituts
Amalienstr. 73
D-8000 München 40

8, rue Rembrandt
F–75008 Paris
24. Juli 19 . .

Sehr geehrte Herren,

am 20. Juli 19 . . legte ich in der Deutschen Abteilung den schriftlichen und am 22. Juli 19 . . den mündlichen Teil der „Deutschen Sprachprüfung" mit Erfolg ab.

Da ich noch am Abend des 22. Juli nach Paris zurückreisen mußte, konnte ich mein Zeugnis nicht persönlich im Sekretariat abholen.

Ich darf Sie daher bitten, es mir so schnell wie möglich nach Paris an die obige Adresse nachzusenden, da ich es für Bewerbungen dringend benötige.

Mit freundlichen Grüßen
C. Filippi

Übung

Sie sind sich nicht sicher, ob Sie bei der Einschreibung Ihre alte oder schon Ihre neue Anschrift angegeben haben. Auch Ihre Eltern sind inzwischen umgezogen. Schreiben Sie sicherheitshalber, wohin Ihr Zeugnis geschickt werden soll.

Entschuldigung wegen verspäteter Bücherrückgabe

Christine Filippi hat in einer öffentlichen Bibliothek Bücher ausgeliehen und kann sie wegen einer Erkrankung nicht pünktlich zurückgeben. Sie benachrichtigt die Bibliothek und bittet schriftlich („auf diesem Wege") um Verlängerung der Ausleihfrist.

Christine Filippi

Bayerische Staatsbibliothek
Ludwigstr. 16
8000 München 22

Theresienstr. 116
8000 München 40
14. Dezember 19 . .

Betreff: Verspätete Bücherrückgabe

Sehr geehrte Herren,
am 15. November 19 . . habe ich bei Ihnen zwei Bände Benno von Wiese: „Der Deutsche Roman", Signatur S-VII-283, entliehen.
Die Ausleihfrist endet morgen, am 15. Dezember 19 . .
Leider bin ich infolge einer akuten Halsentzündung nicht in der Lage, die Bücher persönlich zurückzugeben bzw. die Ausleihfrist verlängern zu lassen. Auch kann ich niemanden mit der Rückgabe der Bücher beauftragen. Ich bitte Sie daher auf diesem Wege, die Ausleihfrist um weitere vier Wochen zu verlängern. Sollten die Bücher bereits anderweitig vorbestellt sein, bitte ich um entsprechende Nachricht. In diesem Falle hoffe ich, die Bücher in der kommenden Woche persönlich zurückgeben zu können.

Mit freundlichen Grüßen
Christine Filippi

Übung

Schreiben Sie, daß Sie leider den Rückgabetermin in der vergangenen Woche übersehen haben. Aus verschiedenen Gründen können Sie in dieser Woche nicht in die Stadt kommen. Aber Sie versichern, man (man – das sind die Bibliothekare) könne sich darauf verlassen, daß Sie die Bücher Anfang nächster Woche zurückgeben werden.

Kontakt mit deutschen Studenten

Nicholas Fowler sucht Kontakt zu deutschen Studenten, um besser Deutsch zu lernen. Auch ist er an einem Gedankenaustausch mit jungen Leuten des Landes interessiert, in dem er jetzt lebt. Er schreibt an den AStA, die Vertretung der Studenten an der Universität.

Nicholas Fowler

Allgemeiner Studentenausschuß
Ludwigstr. 28
8000 München 22

Viktor-Scheffel-Str. 15
8000 München 40
24. Mai 19 . .

Betreff: Kontakte mit deutschen Studenten

Sehr geehrte Herren,
seit zwei Monaten studiere ich in Deutschland und hatte bisher noch keine Gelegenheit, mit deutschen Studenten in Kontakt zu kommen. Auch mein Versuch, ein Zimmer in einem Studentenheim zu bekommen, schlug leider fehl.
Könnten Sie mir dabei behilflich sein, deutsche Studenten bzw. Studentinnen kennenzulernen, die sich gerne regelmäßig zu deutscher bzw. englischer Konversation treffen würden, oder können Sie mir Studentengruppen nennen, denen auch ausländische Studenten beitreten können?
Ich danke Ihnen im voraus für Ihre Bemühungen.

Mit freundlichen Grüßen
N. Fowler

Übung
a) Schreiben Sie einem Freund, ob Sie es leicht oder schwierig finden, mit deutschen Studenten Kontakt zu bekommen, welche Möglichkeiten Sie gefunden haben, welche Möglichkeiten es geben sollte usw.
b) An Ihrem Institut sind Deutsche und Ausländer. Machen Sie der Institutsleitung konkrete Vorschläge, wie man diese Gelegenheit zu Konversation, Meinungsaustausch und Diskussion noch besser nützen könnte. Wären Sie bereit, sich selbst dafür einzusetzen, wenn Ihre Vorschläge Unterstützung fänden?

IV. Ferien, Erholung

Anfrage beim Fremdenverkehrsverein

Christine Filippi will zusammen mit ihrer Mutter einen Urlaub in Deutschland verbringen, da es für ihr Sprachstudium nachteilig wäre, wenn sie den Aufenthalt in Deutschland unterbrechen und in ihre Heimat zurückkehren würde.

Wenn man in einen bekannten Ferienort reisen möchte, tut man gut daran, sich frühzeitig zu informieren und rechtzeitig ein Zimmer zu bestellen. So wendet sich Christine an den Fremdenverkehrsverein, der ihr alle gewünschten Auskünfte erteilen kann.

Christine Filippi

Fremdenverkehrsverein
8100 Garmisch-Partenkirchen

Theresienstr. 116
8000 München 40
3. Mai 19 . .

Betreff: Bitte um Auskunft

Sehr geehrte Herren,
im August 19 . . beabsichtige ich, mit meiner Mutter vier Wochen Urlaub in Garmisch zu machen. Ich bitte Sie daher, mir ausführliches Prospektmaterial über Unterkunftsmöglichkeiten in Hotels oder Pensionen mittlerer Preislage, Sehenswürdigkeiten und Ausflugsziele in der näheren Umgebung an meine obige Anschrift zu senden.
Bitte teilen Sie mir auch mit, welche Wanderkarten Sie für das Gebiet um Garmisch-Partenkirchen empfehlen würden.
Ich danke im voraus für Ihre Bemühungen.

Mit freundlichen Grüßen
Christine Filippi

Übung
Ihre Mutter ist nicht mehr ganz jung, sie will also nicht allzu anstrengende Bergtouren machen, wohl aber längere Wanderungen auf guten Wegen. Außerdem meint der Arzt, sie solle ihren Urlaubsort nicht über 800 m Höhe wählen. Erkundigen Sie sich beim Fremdenverkehrsamt eines Ortes in Österreich oder auch in der Schweiz nach einem geeigneten Ferienort.

Anfrage wegen Studienreisen

Hania Wielezynska besucht eine Hotel-Berufsfachschule. Sie hat gehört, daß es von München aus preiswerte Studienreisen nach Berlin gibt, und erkundigt sich beim AStA der Universität München.

Hania Wielezynska

ASTA
Abteilung Reisedienst
Ludwigstr. 28
8000 München 22

Ringbergstr. 43
8182 Bad Wiessee
28. Juni 19 . .

Betreff: Studienreisen nach West-Berlin

Seit einem Jahr besuche ich die Hotel-Berufsfachschule in Bad Wiessee und möchte gerne während meines Deutschlandaufenthalts Berlin kennenlernen. Könnten Sie mir bitte mitteilen, wann der ASTA Studienreisen nach Berlin organisiert und zu welchen Bedingungen?
Vor allem möchte ich wissen, ob man als Ausländer auch nach Ost-Berlin gehen kann und welche Formalitäten dazu notwendig sind.
Ich danke Ihnen im voraus für ihre Auskunft.

H. Wielezynska

Übung
Sie wollen in den Ferien Deutschland besser kennenlernen. Erkundigen Sie sich, ob und zu welchen Bedingungen längere Reisen durch Deutschland organisiert werden, welche Besuchs- und Führungsprogramme vorgesehen sind usw. Nennen Sie Ihre besonderen Interessen, damit man Sie richtig beraten kann.

Mitfahrgelegenheit

Emo di Laura hat am Schwarzen Brett der Universität folgenden Anschlag gelesen:

Biete MITFAHRGELEGENHEIT
München – Paris
am Samstag, 5. Mai 19 . .
gegen Unkostenbeteiligung
Bitte schreiben Sie an
Carolin Meier, 818 Tegernsee, Seestr. 49

Herr di Laura möchte schon lange einmal nach Paris. Der Zeitpunkt paßt ihm sehr gut, und so schreibt er sofort:

Emo di Laura	Leopoldstr. 4
	8000 München 40
	2. April 19 ..

Sehr geehrtes Fräulein Meier,
ich habe Ihren Anschlag am Schwarzen Brett gelesen und wäre sehr daran interessiert, am 5. Mai mit Ihnen nach Paris zu fahren. An den Unkosten beteilige ich mich selbstverständlich gern.
Falls Sie es wünschen, könnte ich Sie am Steuer ablösen. Ich besitze seit fünf Jahren den Führerschein und fahre sehr sicher und zuverlässig. Als Gepäck hätte ich nur einen kleinen Koffer und vielleicht noch eine Aktentasche.
Bitte, teilen Sie mir umgehend mit, ob der Platz noch frei ist. Andernfalls müßte ich mich sofort nach einer anderen Gelegenheit umsehen. Ich bin abends unter der Nummer 33 85 37 zu erreichen.

Mit freundlichen Grüßen
Emo di Laura

Übung
Der Name Meier ist häufig. Sie vermuten aber doch, daß Carolin Meier jene Carolin Meier ist, die Sie letztes Jahr in Heidelberg kennengelernt haben. Wäre das nicht ein netter Zufall? Schreiben Sie sofort.

Zimmerbestellungen

Man kann Zimmerbestellungen natürlich sehr knapp und sachlich formulieren. Es gibt aber Häuser mit persönlicher Atmosphäre. In diesem Falle ist es nicht falsch, etwas persönlicher zu schreiben, auf eine Empfehlung Bezug zu nehmen usw.

Marie Claude François	bei v. Horn
	Quellental 50
	2000 Hamburg-Flottbek
Hotel Seeblick	1. Mai 19 ..
2285 Kampen/Sylt	
Nordsee	

Liebe Frau Blank,
vielleicht können Sie sich noch an uns erinnern. Wir verbrachten vor zwei Jahren

unseren Urlaub in Ihrem schönen Hotel und denken jetzt noch gern daran zurück.

Können Sie für meine Freunde und mich zwei Doppelzimmer mit Dusche oder Bad sowie Vollpension für die Zeit vom 1. 7. (Anreisetag) bis zum 30. 7. 19 . . (Abreisetag) reservieren? Wenn möglich, hätten wir am liebsten wieder die beiden Südzimmer mit Balkon und Blick aufs Meer.

Bitte geben Sie mir so bald wie möglich Bescheid.

Mit freundlichen Grüßen
Ihre
Marie Claude François

Übung

Sie wissen, daß Frau Hofers Schutzhaus Piz Seteur, Wolkenstein im Grödnertal, Provinz Bozen(Italien) immer voll belegt ist. Sie selbst haben schon im September wieder für Anfang März bestellt. Nun würde gern noch ein Freund mitfahren. Fragen Sie an, ob das noch möglich ist. Vielleicht könnte man in das Zimmer noch ein Klappbett oder Feldbett stellen.

Nicholas Fowler

Viktor-Scheffel-Str. 15
8000 München 40
2. September 19 . .

Hotel-Pension Edelweiß
A–6763 Zürs
Arlberg

Sehr geehrte Herren,

Ihr Hotel wurde uns von Herrn Dr. Haase in München empfohlen. Wir würden gerne unseren Skiurlaub bei Ihnen verbringen. Können Sie für uns ein ruhiges Doppelzimmer und zwei einfache Einzelzimmer für die Zeit vom 1. 2. bis 15. 2. 19 . . reservieren? Da wir tagsüber Touren machen wollen, würden wir nur Frühstück und Abendessen in Ihrem Hotel einnehmen. Wir werden wahrscheinlich an einem Skikurs teilnehmen und wären Ihnen dankbar, wenn Sie uns das Programm der Skischule schicken könnten.

Wir erwarten Ihren baldigen Bescheid mit Angabe der Preise für Halbpension einschließlich Bedienung und Kurtaxe.

Mit freundlichen Grüßen
N. Fowler

Kartenbestellung für Festspiele

Hania Wielezynska weiß, daß es im Mai schon ziemlich schwierig ist, noch Karten für die Salzburger Festspiele zu bekommen. Trotzdem versucht sie es noch. Sie schreibt natürlich auch, warum es für sie besonders wichtig wäre, noch einige Karten zu bekommen.

Hania Wielezynska

An den
Verkehrsverein
A–5020 Salzburg

Ringbergstr. 43
8182 Bad Wiessee
3. Mai 19 . .

Betr.: Kartenbestellung für die Festspiele Sommer 19 . .

Sehr geehrte Herren,
ich studiere Musik am Konservatorium Boston in USA und bin zur Zeit einige Monate in Europa. Ich werde also nur in diesem Sommer Gelegenheit haben, einige Veranstaltungen im Rahmen der Salzburger Festspiele mitzuerleben.
Bitte reservieren Sie für mich je eine möglichst nicht zu teure Karte für „Die Zauberflöte" am 28. Juli, „Carmen" am 2. August und das Orchesterkonzert der Wiener Philharmoniker mit Werken von Mozart am 1. August. Falls es keine Sitzplätze mehr geben sollte, wäre ich auch mit einem Stehplatz zufrieden.
Ich bitte Sie um baldige Bestätigung der Reservierung und danke Ihnen im voraus für Ihre Bemühungen.

Mit freundlichen Grüßen
H. Wielezynska

Übung
a) Schreiben Sie einem Freund, zu welchen Festspielen Sie am liebsten fahren würden, und erklären Sie warum.
b) Bei welchen Festspielen waren Sie schon? Erzählen Sie einem Freund von Ihren Eindrücken, von der besonderen Atmosphäre – oder auch von einer Enttäuschung, weil Sie mehr erwartet hatten. (Es müssen nicht unbedingt Festspiele gewesen sein: Erzählen Sie von einer Opernaufführung, einem Theatererlebnis usw.).

V. Arbeitsverhältnis, Bewerbung, Lebenslauf

Antrag auf Arbeitserlaubnis

Emo di Laura studiert schon längere Zeit in Deutschland und besitzt auch die erforderliche Aufenthaltserlaubnis. Nun arbeitet er stundenweise in einem Kaufhaus, wo er sich nebenbei etwas Geld verdienen kann. Aber es fehlt ihm noch die Arbeitserlaubnis, die er beim Arbeitsamt beantragen muß. (Bei dem Schreiben an die Behörde kann die Anrede wegfallen).

Emo di Laura

Arbeitsamt
Thalkirchner Str. 54
8000 München 15

Leopoldstr. 4
8000 München 40
3. Juni 19 . .

Betreff: Antrag auf Arbeitserlaubnis

Ich bin italienischer Staatsangehöriger und benötige für meine Beschäftigung bei der Firma HERTIE, 8 München 23, Leopoldstr. 15, eine Arbeitserlaubnis. Eine Aufenthaltserlaubnis des Polizeipräsidiums, 8 München 2, Ettstraße 2, vom 1. April 19 . . liegt vor.

Hochachtungsvoll
E. di Laura

Anlage:
1 Freiumschlag

Übung
Schreiben Sie einem Freund, wie Sie Arbeit gefunden haben. Erzählen Sie, worin Ihre Arbeit besteht. Vielleicht lernen Sie bei der Arbeit die Deutschen – oder die Menschen überhaupt – von einer ganz anderen Seite kennen?

Arbeitssuche durch das Arbeitsamt

Nicholas Fowler möchte in den Semesterferien arbeiten, um für das kommende Semester eine kleine finanzielle Reserve zu haben. Er glaubt, daß er schon leichtere Übersetzungsarbeiten übernehmen könnte. So wendet er sich an das Arbeitsamt. Es kann durchaus möglich sein, daß in den Sommermonaten in einer Firma eine Urlaubsvertretung gebraucht wird und daß ihm das Arbeitsamt entsprechende Adressen vermittelt.

Nicholas Fowler
Viktor-Scheffel-Str. 15
8000 München 40

Arbeitsamt München
28. Juni 19 . .
Thalkirchner Str. 54
8000 München 15

Betreff: Arbeitssuche

Sehr geehrte Herren,
bitte teilen Sie mir mit, ob Sie mir eine Arbeitsstelle vermitteln können. Ich bin amerikanischer Staatsangehöriger, 24 Jahre alt, Sprachenstudent, und möchte während der Semesterferien vom 27. Juli bis zum 15. Oktober als Übersetzer oder Dolmetscher für Englisch arbeiten. Es käme auch eine Halbtagstätigkeit in Frage.
Für eine baldige Antwort wäre ich Ihnen dankbar.

Mit freundlichen Grüßen
N. Fowler

Übung
Schreiben Sie einem Freund, daß Sie sich als Übersetzer beworben haben, und erklären Sie ihm, wovor Sie ein bißchen Angst haben bzw. was ihnen beim Übersetzen am meisten Schwierigkeiten macht. Sie glauben aber sicher, daß Sie sich in kurzer Zeit gut einarbeiten würden, falls Sie die Stellung bekämen.

Bewerbung als Fremdsprachenkorrespondentin

Julia Brandi sucht eine Stellung und liest regelmäßig in der Zeitung die Stellenangebote. Sie schreibt auf einige Anzeigen, um sich um die ausgeschriebene Stelle zu bewerben.
Einen Lebenslauf und Zeugnisabschriften legt sie bei.
Das Schreiben soll sachlich sein.

Julia Brandi

Bayerische Vereinsbank
– Personalabteilung –
Am Tucherpark 12
8000 München 40

Studentenheim am Maßmannplatz
Heßstr. 4
8000 München 40
2. Oktober 19 . .

Betreff: Ihre Anzeige in der SZ vom 1. 10. 19 . .

Sehr geehrte Herren,
in Ihrer Anzeige in der „Süddeutschen Zeitung" vom 1. 10. 19 . . suchen Sie
zum 1. November 19 . . für Ihre Auslandsabteilung eine Fremdsprachenkorres-
pondentin für Englisch und Französisch.
Ich bin Engländerin und habe am 23. Juli d. J. mein Examen als Wirtschaftskorrespondentin für Englisch am Münchner Sprachen- und Dolmetscher-Institut
abgelegt. Die Prüfung im Nebenfach (Französisch) bestand ich am 27. Juli
19 . .
Ich schreibe 240 Anschläge in der Minute und verfüge über englische (140
Silben), deutsche (120 Silben) und französische (100 Silben) Stenographiekennt-
nisse.
In den Semesterferien habe ich mehrfach als Fremdsprachensekretärin in einer
Anwaltskanzlei gearbeitet.
Einen handgeschriebenen Lebenslauf und drei Abschriften von Zeugnissen lege ich
bei.
Ich würde mich freuen, wenn Sie mir einen Termin zur persönlichen Vorstellung
nennen könnten.

Mit freundlichen Grüßen
Julia Brandi

Übung
Schreiben Sie eine Bewerbung mit Angaben über Ihre Kenntnisse und Fähigkei-
ten sowie über Ihre Berufserfahrung. Achten Sie darauf, daß sich der Bewer-
bungsbrief nicht zu sehr mit dem Lebenslauf überschneidet.

Bewerbung als Werkstudentin

Marie Claude François möchte in den Ferien Geld verdienen. Sie sucht eine
Arbeit, bei der sie ihre Kenntnisse verwerten und gleichzeitig etwas Neues
lernen kann.

Marie Claude François

Firma Kessel & Co.
Personalabteilung
Jungfernstieg 13
2000 Hamburg

bei v. Horn
Quellental 50
2000 Hamburg-Flottbek
1. Juli 19 . .

Betreff: Bewerbung als Werkstudentin

Sehr geehrte Herren,
von Kommilitonen der Universtität Hamburg, wo ich zur Zeit die Deutschkurse
für Ausländer besuche, habe ich erfahren, daß Sie in den letzten Semesterferien
auch ausländische Studenten beschäftigt haben. Ich erlaube mir daher, mich für
die Zeit vom 1. August bis 31. Oktober 19 . . als Werkstudentin zu bewerben.
Ich habe die französische Handelsschule absolviert und meine Englischkenntnisse
durch einen einjährigen Aufenthalt in London erweitert. In England arbeitete
ich vorübergehend in einer Speditionsfirma. Meine deutschen Sprachkenntnisse
sind für die Übersetzung einfacher Korrespondenz ausreichend. An einer rein
mechanischen Arbeit wäre ich nicht interessiert.
Ich würde mich freuen, wenn ich in den Semesterferien bei Ihnen arbeiten könnte
und bitte Sie um baldige Nachricht.

Mit freundlichen Grüßen
M. C. François

Übung
Schreiben Sie einem Freund, was Ihre Freunde und Kollegen in den Semesterferien für Arbeiten übernommen haben. Sagen Sie, wer es am besten getroffen
hat und warum.

Kündigung des Arbeitsverhältnisses

Ricardo López García hat wegen finanzieller Schwierigkeiten sein Studium
unterbrechen müssen, hat inzwischen aber als Angestellter gearbeitet und so viel
gespart, daß er es jetzt wieder aufnehmen kann. In seinem Arbeitsvertrag ist
eine Kündigungsfrist von einem Monat vereinbart, und er hält diese Frist ein.
Da ihm die Arbeit gut gefallen und er sich mit den Kollegen im Betrieb
gut verstanden hat, versucht er, weiter mit der Firma in Verbindung zu bleiben.
Er stellt sich das so vor, daß er entweder abends zu Hause für die Firma Briefe

schreibt und übersetzt, oder daß er an zwei oder drei freien Nachmittagen regelmäßig in die Firma kommt. Aber diese Einzelheiten wird er nicht im Kündigungsschreiben erwähnen, sondern persönlich vorschlagen.

In vielen Arbeitsverträgen ist vereinbart, daß die Kündigung per Einschreiben zu erfolgen hat. Auch wenn dies nicht der Fall ist, schreibt man per Einschreiben, weil dann nachweisbar ist – Poststempel –, daß der Kündigungstermin eingehalten wurde.

Ricardo López García   Adelheidstr. 27
                                                     8000 München 40
Einschreiben   29. September 19 . .

Münchener Hopfen & Malz
Bierbrauerei AG
Personalabteilung
Kutscherstr. 25
8000 München 57

Betreff: Kündigung

Sehr geehrte Herren,

ich habe die Möglichkeit, Anfang November mein Studium wieder aufzunehmen, und muß daher meine Stellung als Fremdsprachenkorrespondent in Ihrer Exportabteilung zum 31. Oktober 19 . . kündigen.

Ich darf Sie bitten, mir über meine Tätigkeit in Ihrer Firma seit dem 1. August 19 . . ein Zeugnis auszustellen.

Wie ich Herrn Thelen in einem persönlichen Gespräch bereits erklärt habe, würde ich gerne weiter für Sie arbeiten, soweit dies ohne feste zeitliche Bindung möglich ist.

                        Mit freundlichen Grüßen
                        R. López García

Übung

Das Semester hat inzwischen begonnen, und Sie können nun überblicken, wann Sie verfügbar sind. Machen Sie der Firma konkrete Vorschläge über eine geeignete Form der Mitarbeit. (Die Firma hat zwar einen neuen Korrespondenten eingestellt, aber die Arbeit ist so angewachsen, daß er sie nicht mehr allein bewältigt).

Privatunterricht

Julia Brandi war schon in England als Lehrerin an einer Privatschule tätig und möchte nun auch in Deutschland Privatunterricht geben. Sie schreibt an verschiedene Gymnasien und bittet die Direktoren um ihre Vermittlung.

Julia Brandi

An den Direktor des Gisela-Gymnasiums
Arcisstr. 65
8000 München 40

Studentenheim am Maßmannplatz
Heßstr. 4
8000 München 40
1. November 19 . .

Sehr geehrter Herr Direktor,
seit einem Jahr besuche ich die „Deutschkurse für Ausländer" an der Universität München. Ich bin Engländerin, war zwei Jahre als Lehrerin in Cambridge tätig und würde jetzt gerne neben meinem Studium Privatunterricht in Englisch erteilen.
Könnten Sie mir dabei behilflich sein, Schüler zu finden, die gerne Nachhilfestunden nehmen möchten, oder andere, die sich für Konversationsstunden – evtl. in kleinen Gruppen – interessieren?
Wenn es Ihnen recht ist, würde ich mich gerne persönlich bei Ihnen vorstellen. Ich bitte Sie, mir einen passenden Termin zu nennen.
Ich danke Ihnen im voraus für Ihre Bemühungen.

Mit freundlichen Grüßen
J. Brandi

Übung
a) Haben Sie schon einmal Privatstunden gegeben? Erzählen Sie von Ihren Erfahrungen.
b) Ein Freund von Ihnen hat Ihnen geschrieben, daß er jetzt einem Gymnasiasten Nachhilfestunden gibt.
Schreiben Sie ihm, warum Sie sich das nie zutrauen würden.

Lebensläufe

Wenn Sie nur einen Nebenverdienst suchen, brauchen Sie meist keinen Lebenslauf zu schreiben. Geht es aber um eine ernsthafte Bewerbung, so müssen Sie einen Lebenslauf beilegen. Viele Firmen verlangen sogar einen handgeschriebenen Lebenslauf, weil sie auch nach der Handschrift Ihre Persönlichkeit beurteilen wollen.

Gonzague Hutin weiß, daß zwischen den Schulsystemen in Deutschland und in seinem Land gewisse Unterschiede bestehen. Es ist deshalb richtig, wenn er jeweils eine französische und eine deutsche Bezeichnung für Schulen, Prüfungen usw. angibt.

Helen Kollberg schreibt ebenfalls einen Lebenslauf. Sie ist selbst ein wenig erstaunt, was sie alles schon erlebt und gelernt hat.

Als Helen Kollberg ihren Lebenslauf liest, merkt sie, daß er nicht sehr übersichtlich ist, weil die Angaben über Ausbildung und berufliche Tätigkeit immer miteinander abwechseln. Sie entschließt sich nun, einen tabellarischen Lebenslauf zu schreiben. Diese Form des Lebenslaufs wird immer häufiger. Der Empfänger kann ihn mit einem Blick übersehen und ihm die Informationen entnehmen, die ihn besonders interessieren.

Lebenslauf

Am 26. 4. 1946 wurde ich, Gonzague Hutin, als viertes Kind des Piloten René Hutin und seiner Ehefrau Yvette, geb. Barrlère, in Limoges geboren.

Nach dem Besuch der Volksschule in Limoges kam ich mit meiner Familie nach Paris, wo ich im Herbst 1958 die Aufnahmeprüfung für das „Lycée Paul Valéry" (Gymnasium) bestand. Im Frühjahr 1960 trat ich in das „Lycée Technique d'Etat" in Cachan ein und legte dort im Februar 1965 die Reifeprüfung (baccalauréat) ab.

Anschließend begann ich eine kaufmännische Lehre bei dem Bankhaus „Crédit Commercial de France" in Paris, die ich mit der Kaufmannsgehilfenprüfung (Certificat d'Aptitude Professionelle) abschloß.

Seit dem Sommersemester 1968 besuche ich die „Deutschkurse für Ausländer" an der Universität München, um anschließend in Berlin Politische Wissenschaften zu studieren.

München, den 16. 12. 1970   Gonzague Hutin

Lebenslauf

Am 10. Januar 1948 wurde ich, Helen Marie Kollberg, als Tochter des Industriellen Gustaf Kollberg und seiner Ehefrau Brita, geborene Axell, in Göteborg, Schweden, geboren.

Nach vierjährigem Volksschulbesuch in Göteborg trat ich im Herbst 1959 in den neusprachlichen Zweig der Mädchen-Oberschule ein.

Die Sommerferien verbrachte ich jeweils in England, Frankreich oder Deutschland, um meine Sprachkenntnisse zu verbessern.

Im Frühjahr 1966 verließ ich die Schule und arbeitete drei Monate als Empfangsdame in einem Hotel in Gottskàr (Onsala).

Im Herbst 1966 ging ich nach Cambridge, England, und besuchte dort eine Sprachenschule. Nach drei Monaten bestand ich die Sprachprüfung in Englisch („Proficiency").

Anschließend lernte ich in Göteborg Maschinenschreiben und Stenographie und arbeitete dann 1 Jahr als Auslandskorrespondentin in einer Exportfirma.

Seit Oktober 1968 bin ich Studentin der Deutschen Abteilung des Sprachen- und Dolmetscher-Instituts in München und beabsichtige, im Frühjahr 1971 die Deutsche Sprachprüfung abzulegen.

München, den 16. 12. 1970   Helen Kollberg

Lebenslauf

Personalien	Helen Marie Kollberg
	geboren am 10. Januar 1948
	in Göteborg, Schweden
Schulbildung	1956-1959 Volksschule in Göteborg
	1959-1966 Mädchen-Oberschule, neu-
	sprachlicher Zweig, Göteborg
Sprachliche Ausbildung	Auslandsaufenthalte in England, Frankreich und
	Deutschland während der Schulferien
	1966 Sprachenschule Cambridge mit Abschluß-
	prüfung: Certificate of Proficiency
	1968-1970 Sprachen- und Dolmetscher-Institut
	München (voraussichtlich Abschluß mit der Deut-
	schen Sprachprüfung im Februar 1971)
Berufsausbildung	1967 Sekretärinnenausbildung in Maschinenschrei-
	ben und Stenographie
Berufserfahrung	1966 3 Monate Empfangsdame in einem Hotel in
	Gottskàr (Onsala), Schweden, 1967 1 Jahr Auslands-
	korrespondentin in einer schwedischen Exportfirma.

München, den 16. 12. 1970   Helen Kollberg

Übung
Schreiben Sie Ihren eigenen Lebenslauf zuerst in der etwas ausführlicheren Form mit vollem Text und dann in übersichtlicher tabellarischer Form.

VI. Kraftfahrzeug

Kraftfahrzeugversicherung

Nicholas Fowler will sich demnächst wieder ein Auto kaufen. Mit seinem letzten Wagen hatte er einen Unfall und war mit seiner Versicherung nicht ganz zufrieden. Nun wurde ihm von Freunden ein Vertreter empfohlen, der sich wirklich um seine Kunden kümmert. Er bittet um einen Besuch.

Nicholas Fowler

Herrn
Kai Farwig
Wiesentfelserstr. 37
8000 München 60

Viktor-Scheffel-Str. 15
8000 München 40
Tel. 37 66 93
26. März 19 . .

Sehr geehrter Herr Farwig,
Sie sind mir von Freunden empfohlen worden. Ich bekomme Anfang April ein neues Auto, das ich bei Ihnen versichern möchte. Außerdem denke ich an den Abschluß einer Krankenversicherung und einer persönlichen Haftpflichtversicherung. Würden Sie mich bitte abends nach 19 Uhr anrufen, damit wir eine Verabredung treffen können?

Mit freundlichen Grüßen
Nicholas Fowler

Übung
a) Erklären Sie einem Freund, warum Sie eine persönliche Haftpflichtversicherung für notwendig halten: Man kann auch als Radfahrer oder Fußgänger Unfälle verursachen, die vielleicht sehr unangenehme Folgen haben.
b) Erzählen Sie von Ihren Erfahrungen mit Versicherungen und Versicherungsvertretern.

Unfallmeldung bei der Polizei und Strafanzeige

Emo di Laura hat mit seinem Auto durch die Schuld eines rücksichtslosen Autofahrers einen Verkehrsunfall gehabt. Glücklicherweise konnte er die Nummer des anderen Autos erkennen, bevor es davonbrauste. Emo hat einen guten

Freund, der Jura studiert und ihm bei der Abfassung einer Anzeige hilft. Emo sagt ihm nur, was der andere Fahrer tat und was dabei geschah, und der Freund schreibt für Emo folgenden Brief:

Emo di Laura
Leopoldstr. 4
8000 München 40

Polizeipräsidium München
18. November 19 . .
– Abteilung Verkehrsunfälle –
Ettstraße 3
8000 München 2

Betreff: Unfallmeldung

Hiermit zeige ich an, daß ich am 15. November d. J. gegen 23 Uhr mit meinem VW 1200, polizeiliches Kennzeichen M – EL 777, an einem Verkehrsunfall beteiligt war. Ich fuhr auf der Landsberger Straße stadtauswärts, als mich auf der Höhe der Forstenriederstraße ein roter Sportwagen, Marke Porsche, überholte und so scharf schnitt, daß ich mit meinem Wagen nach rechts ausweichen mußte und an den Randstein schleuderte. Dabei wurden das rechte Vorderrad und die Vorderachse meines Autos erheblich beschädigt.
Das polizeiliche Kennzeichen des Porsche ist M – AX – 111. Ich bitte um Feststellung des Eigentümers.
Gleichzeitig erhebe ich Anzeige gegen Unbekannt wegen Sachbeschädigung und Verstoß gegen die Straßenverkehrsordnung.

Emo di Laura

Übung
Erzählen Sie von einer gefährlichen Situation im Straßenverkehr, bei der es gerade noch einmal gut abging. Was wäre geschehen, wenn Sie – oder ein anderer – nicht so schnell reagiert und instinktiv das Richtige getan hätten?

Unfallmeldung an die Versicherung

Ein paar Wochen nach dem geschilderten Schaden – das Auto ist inzwischen wieder repariert – hat Emo di Laura wieder einen Unfall, zum Glück wieder ohne eigene Schuld. Er notiert sich den Namen des Fahrers, läßt sich dessen Versicherung nennen und schreibt genau auf, wo sich der Unfall ereignet hat. Der Fahrer des anderen Wagens gibt zwar sofort zu, daß er an dem

52

Unfall schuld ist, aber Emo notiert sicherheitshalber noch den Namen einer Zeugin, die alles gesehen hat und notfalls bestätigen kann, daß den anderen Fahrer die Schuld an dem Unfall trifft.

Nun schreibt er eine Schadensmeldung an die Versicherung des anderen Fahrers. (Wenn nicht einwandfrei feststünde, daß er selbst keinerlei Schuld trägt, müßte er auch seine eigene Versicherung benachrichtigen).

Emo di Laura

Secura Versicherungs-AG
Sonnenstr. 25
8000 München 2

Leopoldstr. 4
8000 München 40
18. November 19 . .

Betreff: Verkehrsunfall am 15. November 19 . .
    Ihr Versicherungsnehmer Joseph Meyer, Architekt,
    8 München 22, Kanalstr. 38

Sehr geehrte Herren,
am 15. November 19 . . fuhr ich gegen 16.00 Uhr mit meinem VW 1200, polizeiliches Kennzeichen M – EL – 777, auf der Briennerstraße in Richtung Odeonsplatz. Als ich wegen einer Verkehrsstauung ziemlich scharf bremsen mußte, fuhr Herr Meyer mit seinem Opel, polizeiliches Kennzeichen M – JM – 287, von hinten auf mein Fahrzeug auf. Die hintere Stoßstange meines Fahrzeugs und das Heck wurden eingedrückt.

Herr Meyer hat zugegeben, daß er die Schuld an dem Unfall trägt. Außerdem habe ich den Namen einer Zeugin notiert.

Meine Reparaturwerkstätte schätzt den Schaden an meinem Fahrzeug auf DM 200,- bis DM 250,-. Sie haben bis zum nächsten Montag Gelegenheit, den Schaden besichtigen zu lassen.

Für Montag ist der Wagen in meiner Werkstätte zur Reparatur vorgemerkt.

               Mit freundlichen Grüßen
               Emo di Laura

Übung
Beschreiben Sie einen kleinen Verkehrsunfall, an dem Sie selbst schuld waren. Sie waren etwas unkonzentriert und übersahen ein Vorfahrtsschild, oder Sie wollten nach links abbiegen und hatten sich nicht rechtzeitig eingeordnet, so daß Sie beim Überwechseln auf die linke Fahrbahnspur von einem anderen Wagen leicht angefahren wurden.

Bitten um anwaltschaftliche Vertretung

Patricia hatte am Tag ihrer Abreise einen Unfall.

Da sie aber die Pauschalreise mit der Bahn schon fest gebucht hatte und nicht im letzten Augenblick absagen wollte, hatte sie nicht mehr die Zeit, alles zu regeln. Glücklicherweise ist einer ihrer Freunde Rechtsanwalt; er wird ihr helfen.

Patricia van Boynen

z. Z. Pensione Iris
Torre Pedrera di Rimini
Italien
7. Juli 19 . .

Herrn
Rechtsanwalt
Dr. Eckhard Klapp
Maximilianstr. 26
D–8000 München 22

Lieber Eckhard,
seit einigen Tagen mache ich Urlaub in Rimini und genieße Sonne, Strand und Meer.

Ich schreibe Ihnen jedoch nicht, um Ihnen von meinen Ferien zu erzählen, sondern weil ich Sie um einen Gefallen bitten möchte.

Mir ist nämlich folgendes passiert: An dem Tag, an dem ich in Urlaub fahren wollte, hatte ich einen Autounfall. Ich wollte gleich bei meinem Haus rechts um die Ecke fahren. Sie wissen, daß die Straße dort ziemlich schmal ist und daß man meistens nicht viel sieht, weil immer viele Autos dort parken. Gerade als ich einbiegen wollte, kam von der anderen Seite ein Auto, das viel zu weit links fuhr. Ich wußte im ersten Augenblick nicht, was ich tun sollte, und bin dann dummerweise links ausgewichen. Bremsen konnten wir beide nicht mehr rechtzeitig, dazu hatten wir uns zu spät gesehen. Das andere Auto wich im letzten Augenblick nach rechts aus – alles weitere können Sie sich leicht vorstellen.

Mein Auto ist hauptsächlich am linken Kotflügel vorn beschädigt. Ich glaube, an der Haube fehlt nichts. Aber bei dem anderen Wagen ist die ganze Front eingedrückt.

Ich weiß nicht, wer die Polizei holte, jedenfalls war nach wenigen Minuten schon eine Funkstreife da. Da beide Autos in der Mitte der Straße standen, ist es nach Meinung der Polizei ein Unfall mit beiderseitigem Verschulden.

Und nun meine Bitte: Könnten Sie meine anwaltschaftliche Vertretung übernehmen? Ich konnte nichts mehr erledigen, da ich sonst meinen Zug versäumt hätte.

Meine Autopapiere liegen in der obersten Schreibtischschublade rechts, ein Zettel mit der Anschrift des anderen Fahrers und mit dem Kennzeichen seines Autos sowie der Versicherungsschein liegen dabei. Sogar eine Skizze habe ich noch schnell angefertigt.

Frau Werner, meine Wirtin, weiß Bescheid und wird Sie hereinlassen. Bitte melden Sie doch den Unfall meiner Haftpflichtversicherung und der meines Gegners und sagen Sie, ich käme in drei Wochen zurück. Das Auto steht vor der Haustür. Am besten setzen Sie sich auch gleich mit dem anderen Fahrer in Verbindung.

Sollte die Angelegenheit noch ein gerichtliches Nachspiel haben, würde ich Sie bitten, den Fall zu übernehmen, selbstverständlich gegen das übliche Honorar.

Ich bin sehr froh, daß ich meine Sache bei Ihnen in besten Händen weiß.

Mit herzlichen Grüßen
Ihre
Patricia

Geoffry Holland hat leider keinen Freund, der Rechtsanwalt ist. Aber er läßt sich einen Rechtsanwalt empfehlen. Sein Unfallgegner wurde gleich an der Unfallstelle sehr unhöflich; auch in Anbetracht der Höhe des Schadens war es notwendig, einen Anwalt zu nehmen.

Geoffry Holland

Herrn
Rechtsanwalt Dr. Wolfgang Auer
Maximilianstr. 17/I
8000 München 22

Isareckstr. 32
8000 München 80
18. November 19 . .

Betreff: Anwaltschaftliche Vertretung

Sehr geehrter Herr Rechtsanwalt,
aufgrund einer Empfehlung durch Herrn Holthaus wende ich mich an Sie mit der Bitte, meine anwaltschaftliche Vertretung gegen Herrn Meyer, wohnhaft in 8 München 40, Römerstr. 4, zu übernehmen. Am 15. November 19 . . hatte ich einen Autounfall. Der Sachschaden an meinem Pkw beträgt weit über DM 1.000,-.

Ich bitte Sie, mir einen Termin mitzuteilen, damit ich Ihnen den Hergang des Unfalls schildern und Ihnen sonstige sachdienliche Angaben machen kann.

Ich danke Ihnen im voraus für Ihre Bemühungen.

Mit freundlichen Grüßen
G. Holland

Übung

Schreiben Sie einem Freund, was der andere Fahrer nach dem Unfall alles behauptete und wie es in Wirklichkeit war. Er wurde sehr unhöflich, aber Sie blieben trotzdem ruhig und sachlich. Wie verhielten sich die Passanten und eventuelle Zeugen?

VII. Kauf, Verkauf, Reklamation, Verlust

Zeitungsabonnement

Christine Filippi hat inzwischen so viel Deutsch gelernt, daß sie mit Gewinn eine gute Tageszeitung lesen kann. Da sie in München lebt, entschließt sie sich, eine Münchner Zeitung zu abonnieren.

Christine Filippi

An die
Süddeutsche Zeitung
Abteilung Vertrieb
Sendlinger Straße 80
8000 München 2

Gabelsbergerstr. 26
8000 München 40
3. September 19 . .

Betreff: Abonnement

Sehr geehrte Herren,
hiermit bestelle ich ab 1. 10. 19 . . bis auf weiteres Ihre Zeitung und bitte um Zustellung an obige Adresse.
Teilen Sie mir bitte mit, ob ich als Studentin ein verbilligtes Abonnement bekomme. Mir ist bekannt, daß Studenten die „Frankfurter Allgemeine" und verschiedene Wochenzeitungen verbilligt beziehen können.
Es wäre mir angenehm, wenn ich vierteljährlich durch Dauerauftrag bezahlen könnte. Teilen Sie mir bitte Ihr Konto mit.

Mit freundlichen Grüßen
Christine Filippi

Übung
a) Schreiben Sie einem Freund, welche deutsche Zeitung oder welche Zeitungen Sie lesen und warum.
b) Welche Teile der Zeitung lesen Sie mit Vorliebe und warum? Informieren Sie sich hauptsächlich durch Rundfunk und Fernsehen oder durch die Zeitung? Halten Sie sich mehr an die knappen Nachrichten oder an die Leitartikel in der Zeitung bzw. die Kommentare in Funk und Fernsehen?

Reklamationen

Emo di Laura hat ein Tonbandgerät gekauft und ist sehr stolz darauf. Er nimmt damit eine großartige Aufführung des „Don Giovanni" aus Salzburg auf, die im Radio übertragen wird. Als er die Aufnahme am nächsten Tag seinen Freunden vorspielen will, stellt er fest, daß das Gerät nicht funktioniert hat: zum Teil ist gar nichts zu hören, zum Teil ist der Ton verzerrt. Auch über Mikrophon kann er nicht richtig aufnehmen.

Emo di Laura   Leopoldstr. 4
An das   8000 München 40
Kaufhaus ZEUS   4. Juli 19 . .
Sonnenstr. 3
8000 München 2

Betreff: Reklamation

Sehr geehrte Herren,
ich muß Ihnen leider mitteilen, daß das Tonbandgerät Marke „Klang" Nr. 42 42 66, das ich Anfang Juni bei Ihnen gekauft habe, nicht einwandfrei funktioniert.
Bei Mikrophonaufnahmen wie auch beim Überspielen vom Radio ist auf den Bändern stellenweise überhaupt nichts zu hören, stellenweise kommt der Ton verzerrt.
Ich möchte Sie bitten, umgehend Ihren Kundendienst zu schicken, um den Schaden zu beheben oder das Gerät notfalls umzutauschen.

E. di Laura

Marie Claude François hat ein Buch gekauft, bei dessen Herstellung ein Fehler unterlaufen sein muß: 16 Seiten fehlen, dafür sind die nächsten 16 Seiten doppelt.

Marie Claude François   bei v. Horn
             Quellental 50
An den   2000 Hamburg-Flottbek
Fischer Verlag   7. Juni 19 . .
Leiblweg 17
7000 Stuttgart W

Betreff: Reklamation

Vor zwei Wochen bestellte ich durch die Buchhandlung Kruse, Hamburg, das

Buch „Europa-Reiseführer". Es wurde mir direkt von Ihrem Verlag zugeschickt.

Leider muß ich Ihnen mitteilen, daß im dritten Teil die Seiten 113 bis 128 fehlen. Da ich das Buch für meine Ferienreise brauche, brachte ich es sofort zur Buchhandlung. Dort sagte man mir jedoch, daß das unvollständige Buch nur vom Verlag zurückgenommen werden könne.

Ich möchte Sie also bitten, mir umgehend einen neuen Reiseführer zuzusenden. Ich hatte das Buch bereits bezahlt und lege eine Kopie der quittierten Rechnung bei. Das Buch sende ich Ihnen mit getrennter Post zurück.

M. C. François

Anlage: 1 Rechnungskopie

Übung

a) Wie haben Sie Ihr Tonbandgerät benutzt, um besser Deutsch zu lernen und Ihre Sprechfertigkeit zu erhöhen (bzw. was würden Sie tun, wenn Sie eines hätten)?

b) Schreiben Sie eine kurze Reklamation. (Ein Reglerbügeleisen wird zu heiß bei Einstellung auf Seide – Sie haben eine Bluse versengt. Ein Blitzlichtgerät lädt sich nicht auf. Eine elektrische Nähmaschine näht keine saubere gerade Naht usw.).

Kauf antiquarischer Bücher von Privat

Christine Filippi liest am Schwarzen Brett in der Universität folgenden Anschlag:

BÜCHER BILLIG ZU VERKAUFEN! (Hälfte des Neupreises)
1. Wilhelm Junge: „Deutsche Grammatik", 12. Auflage
2. Duden-Grammatik
3. Duden-Stilwörterbuch
4. „Das Große Deutsche Wörterbuch"
Alle Bücher sind gut erhalten. Meine Anschrift:
Susan Twedell
8 München 40, Riesenfeldstr. 66

Christine hat Interesse an zwei der angebotenen Bücher und schreibt wie folgt:

München, 1. Mai 19..

Liebes Fräulein Twedell,

ich habe Ihren Anschlag am Schwarzen Brett gelesen und bitte Sie, mir folgende Bücher zurückzulegen:

1. Junge: „Deutsche Grammatik"
2. „Das Große Deutsche Wörterbuch"

Ich werde am Mittwoch abend um 19.00 Uhr bei Ihnen vorbeikommen. Bitte schreiben Sie mir kurz, wann ich die Bücher abholen kann, falls Sie um diese Zeit nicht zu Hause sind.

Mit freundlichen Grüßen
Christine Filippi
Gabelsbergerstr. 26
8000 München 40

Übung

Sie brauchen viel Geld für Bücher. Erzählen Sie ihrem Freund in einem Brief, welche Bücher Sie selbst kaufen und welche Sie sich nur von Freunden oder in der Bibliothek ausleihen.

Verlustanzeige beim Fundbüro

Marie Claude hat ihre Tasche mit Zeugnissen und anderen Dokumenten im Zug liegenlassen. Nun fürchtet sie, es könnte im Fundbüro aus Versehen jemand anderes die Tasche bekommen – falls sie überhaupt dort abgegeben worden ist. Da sie selbst erst in der kommenden Woche wieder in Hamburg ist, schreibt sie sofort einen kurzen Brief ans Fundbüro.

Marie Claude François

bei v. Horn
Quellental 50
2000 Hamburg-Flottbek
2. Mai 19..

An das Fundbüro
der Deutschen Bundesbahn
Hauptbahnhof
2000 Hamburg

Betreff: Verlust einer Reisetasche

Am 17. Mai 19.. habe ich im D-Zug 704 München-Hamburg eine schwarze Reisetasche mit wichtigen Unterlagen und einigen Zeugnissen, die auf meinen

Namen ausgestellt sind, liegenlassen. Falls die Reisetasche bei Ihnen abgegeben wurde, möchte ich Sie bitten, mich so schnell wie möglich zu benachrichtigen. Persönlich kann ich leider erst nächste Woche bei Ihnen vorbeikommen, da ich vorübergehend in Rendsburg sein muß.

M. C. François

Übung

a) Es gibt sehr amüsante Geschichten von verlorenen Gegenständen, die auf abenteuerliche Weise wieder zu ihrem Besitzer zurückfanden. Haben Sie eine erlebt, oder können Sie eine erfinden?

b) Erzählen Sie einem Freund, was Sie letzte Woche verloren haben und warum dieser Verlust für Sie besonders schlimm ist. (Andenken, wichtige Aufzeichnungen, ausgeliehenes Buch usw.).

VIII. Steuern, Zoll

Anfrage wegen Steuerpflicht

Emo di Laura hat durch verschiedene kleinere und größere Nebenarbeiten, Übersetzungsaufträge usw., schon ganz gut verdient. Freunde haben ihm geraten, sich beim Finanzamt zu erkundigen, bis zu welcher Grenze er als Student steuerfrei bleibt bzw. ab wann er steuerpflichtig wird.

Emo di Laura

An das
Finanzamt München-Nord
Alter Hof 1
8000 München 2

Leopoldstr. 4
8000 München 40
1. August 19 . .

Betreff: Auskunft wegen Steuerzahlung

Ich bitte um Auskunft, ob ich als italienischer Staatsbürger in Deutschland steuerpflichtig bin, wenn ich, vor allem während der Semesterferien, Übersetzungsarbeiten für deutsche Firmen mache, ohne angestellt zu sein, bzw. wenn ich zwei- bis dreimal in der Woche deutschen Gymnasiasten Privatstunden gebe.

Mit freundlichen Grüßen
E. di Laura

Benachrichtigung des Zollamts

M. C. François hat ihr Gepäck vorausgeschickt, damit sie sofort nach ihrer Ankunft alles hat, was sie braucht, vor allem die Bücherkiste. Sie benachrichtigt das Zollamt, damit keine Schwierigkeiten auftreten, wenn sie selbst als Empfänger bei Eintreffen des Gepäcks in Hamburg noch nicht erreichbar ist.

Marie Claude François   38, rue d'Alleray
                                               F–75015 Paris
                                               12. Oktober 19 . .
Zollamt Hamburg
– Zollzweigstelle Hauptbahnhof –
D–2000 Hamburg 1

Betreff: Avis

Hiermit teile ich Ihnen mit, daß ich mein Gepäck, fünf Koffer und eine Kiste, in
Paris am 10. Oktober 19 . . nach Hamburg an folgende Adresse abgeschickt
habe:
    Marie Claude François
    bei v. Horn
    Quellental 50
    2000 Hamburg-Flottbek
Die Gepäckstücke enthalten nur persönliche Gegenstände wie Kleidung, Wäsche,
Bücher, Schallplatten usw., die ich während meines Studienaufenthalts in
Deutschland benötige.
Wenn die sechs Gepäckstücke im Zollamt Hamburg eintreffen, bitte ich um Lage-
rung bis zum 21. Oktober 19 . ., da ich erst am 20. Oktober in Hamburg ein-
treffen werde und somit das Gepäck nicht früher abholen kann.

                    Mit freundlichen Grüßen
                    Marie Claude François

Übung
Ziehen Sie gern oder ungern um? Erzählen Sie, warum. Berichten Sie Ihrem
Freund von Ihrem letzten Umzug, von der vielen Arbeit, von den Dingen, die
entzweigingen, von den Dingen, die Sie nicht mitnehmen konnten, aber auch
von dem Vergnügen, ein neues Zimmer wohnlich einzurichten.

Erich Zettl	**_Deutschland in Geschichte und Gegenwart_** Ein Überblick 111 Seiten, kart. – Hueber-Nr. 1200
Johanna Barsch	**_Deutscher Alltag_** Ein Gesprächsbuch für Ausländer 99 Seiten, kart. – Hueber-Nr. 1020
Kurt Blohm / Wulf Köpke	**_Begegnung mit Deutschland_** 159 Seiten mit Bildtafeln, Fotos und Zeichnungen, kart. – Hueber-Nr. 1027
Paul Schallück (Herausgeber)	**_Deutschland_** Kulturelle Entwicklungen seit 1945 232 Seiten mit 16 Seiten Bilder, kart. – Hueber-Nr. 9093
Klaus Schulz	**_Aus deutscher Vergangenheit_** Ein geschichtlicher Überblick 183 Seiten, kart. – Hueber-Nr. 1026
Klaus Schulz	**_Deutsche Geschichte und Kultur_** Bilder aus 2000 Jahren 144 Seiten mit 484 Abbildungen, kart. – Hueber-Nr. 1216, Leinen – Hueber-Nr. 1.1216

 Max Hueber Verlag Ismaning bei München